Salecl, Renata El placer de la transgresión / Renata Salecl.
- 1a ed - Ciudad Autónoma de Buenos Aires: EGodot
Argentina, 2021. 296 p.; 20 x 13 cm.

ISBN 978-84-19990-98-3
Depósito legal: M-8903-2026

Título original *Tek na mestu*
Traducción Florencia Ferre
Corrección Luz Rodríguez y Mariana Gaitán
Diseño de tapa e interiores Víctor Malumián
Ilustración de Renata Salecl Juan Pablo Martínez

The translation was published with the support of the
Slovenian Book Agency. Esta traducción fue publicada con el
apoyo de la Agencia Eslovena del Libro.

Impreso en España
Imprenta Kadmos
Salamanca, marzo de 2026

El placer de la transgresión

Renata Salecl

Traducción del esloveno
Florencia Ferre

Introducción

EN TIEMPOS DE *FAKE NEWS* y de la llamada "posverdad" es cada vez más difícil pensar hacia dónde va nuestra sociedad y cómo enfrentan las personas los problemas sociales. La ideología neoliberal aumenta enormemente la angustia. Las personas se sienten culpables de sus fracasos, y aquellos que quieren identificarse con las imágenes mediáticas de la felicidad y el éxito suelen tener la sensación de que no son lo suficientemente buenos, bellos, interesantes, porque sus vidas están lejos de los ideales propuestos. El presente libro examina lo que ocurre con el sujeto en tiempos de neoliberalismo: los nuevos síntomas psicológicos que padece, cómo percibe su vida, la relación que tiene con la sociedad que lo rodea, cómo experimenta el trabajo, el amor, la paternidad y su manera de reflexionar acerca del futuro. El libro consiste en una selección revisada de las columnas que la autora publicó durante los últimos años en el suplemento de los sábados del diario *Delo*. El objetivo de estos textos es reflexionar acerca de hacia dónde vamos los sujetos como sociedad, ante qué dilemas cerramos los ojos y por qué muchas veces el desarrollo parece una carrera en el lugar.

Después de la crisis económica de 2008 era esperable que hubiera una mayor reflexión acerca de la dirección hacia donde tiende la sociedad contemporánea, acerca de las trampas del neoliberalismo, de los caminos para disminuir las desigualdades económicas y para impedir nuevas crisis en el futuro. Pero ocurrió lo contrario. El neoliberalismo dominó aún más el mundo, la desigualdad económica va en aumento; en lugar de reflexiones profundas tenemos una andanada de discursos de odio, de noticias falsas y una ignorancia creciente. Mientras tanto, por un lado cerramos los ojos para no ver hacia dónde va nuestra sociedad, y por el otro esperamos desentrañar el problema de la subjetividad en el ámbito del cuerpo humano. Los nuevos descubrimientos científicos en el campo de la genética y la neurología alientan la idea de que en el futuro vamos a tener cura para algunas graves enfermedades, pero a la vez abren nuevas posibilidades de control social y nuevas formas de exclusión.

Este libro intenta ser una reflexión sobre un tiempo que busca respuestas rápidas y al que no le gustan las preguntas. Los textos reunidos dan cuenta de una serie de problemas ante los cuales nos encontramos como sujetos y como sociedad. El desafío del lector o la lectora es continuar reflexionando por su cuenta sobre este tipo de problemas. Tal vez corramos otra vuelta juntos.

La sociedad de consumo

"YA LO SÉ, PERO AUN ASÍ..."

ES INTERESANTE OBSERVAR LA forma en que los compradores ofrecen sus tarjetas de crédito al vendedor en las tiendas caras. Los más ricos a menudo la lanzan con cierta indiferencia en dirección al vendedor, como si con ese gesto dijeran que el ritual del pago y la firma del papelito no significan para ellos más que una pérdida de tiempo. Los no tan ricos padecen una especie de contracción a la hora de entregar la tarjeta al vendedor, como si la mano que la ofrece quisiera y no quisiera entregarla, como si en realidad el comprador intentara retenerla. Si el ricachón se comporta como si el acto de pagar fuera algo en extremo tedioso, en el pobre aparece un sentimiento de culpa y su correspondiente vacilación. Cuando entrega la tarjeta, el pobre piensa por un momento cómo va a pagar lo que acaba de comprar. Se da cuenta de que cuando reciba el resumen de cuenta es probable que lamente la compra. Pero rápidamente se las ingenia para reprimir el sentimiento de culpa y más tarde encuentra las formas más variadas de negar la deuda.

En las últimas décadas, el capitalismo contemporáneo ha capitalizado ampliamente el poder de la negación. Toda lógica de consumo estaba vinculada a la creencia de que podíamos comprar algo hoy y pagarlo mañana. El consumidor medio en los Estados Unidos fue el primer estratega del uso de toda una serie de tarjetas de crédito que no esperaban de él el pago de la deuda, sino tan solo de sus intereses. A la vez, hasta la crisis económica ocasionada por el aumento del valor de la propiedad inmobiliaria, obtenía con facilidad un préstamo hipotecario suplementario. Así como las grandes especulaciones financieras están vinculadas con la previsión de futuro, también el pequeño consumidor vivía todo el tiempo en el futuro.

El cine de ciencia ficción sobre viajes al futuro despliega en diversos escenarios la representación del futuro en el presente. En las películas *Volver al futuro* y *Terminator*, los protagonistas son de pronto transportados al futuro. Puede ocurrir también que el sujeto, congelado en el tiempo, despierte en el futuro (por ejemplo, en *Austin Powers*), o que la película muestre alternativas posibles de futuro (por ejemplo, en *Dos vidas en un instante*). Este tipo de cine materializa entonces la ficción del futuro en el presente; la ideología del capitalismo contemporáneo, en cambio, elige otro camino cuando se trata de retratar el futuro: si se trata de deudas, en realidad hace de cuenta que el futuro no va a ocurrir. Aunque el sujeto endeudado sabe racionalmente que las deudas tendrán que pagarse algún día, la ideología lo persuade todo el tiempo de que eso no va a ocurrir.

El largo período en que —sobre todo para los consumidores estadounidenses— era suficiente con pagar los intereses de los préstamos fue creando lentamente la lógica de la creencia que el psicoanalista francés Octave Mannoni señala como "ya lo sé, y aun así...". Se trata de la lógica que siguen los niños, por ejemplo, cuando se preguntan por la existencia de Papá Noel. Aunque por lo general descubren rápidamente que Papá Noel no existe, más adelante fingen que siguen creyendo en él para no decepcionar a los padres, que creen que ellos aún creen. (Una lógica un tanto diferente funciona en los niños que piensan que no existe Papá Noel pero desean la confirmación de los padres de que así es. Como los padres dudan si decirle al niño la verdad o no, se ponen como excusa que sea el mismo niño quien decida si Papá Noel existe o no).

También el sujeto endeudado se enfrenta a su propio dilema de la existencia de Papá Noel. Aunque sabe que está endeudado, se comporta como si no quisiera ofender a la ideología que todo el tiempo lo persuade para que se siga endeudando porque en realidad no va a tener que pagar las deudas. Bajo la influencia de la ideología del consumo se dice a sí mismo: "Ya lo sé, y aun así" o incluso empieza a caer en una especie de demencia por su estado financiero.

Los psicoanalistas que se ocupan de los casos de demencia observan que esta se atenúa en la edad avanzada. El olvido en las personas con demencia no está vinculado solamente al hecho de que no pueden recordar los hechos pasados, sino que también son menos capaces de reflexionar hacia delante. De modo que la demencia ayuda a olvidar el futuro y así a evitar el peligro de la mayor pérdida que debemos enfrentar en la vida: la propia mortalidad.

Resulta paradójico que el olvido que observamos en relación con el dinero parece estar vinculado también con la muerte.

El periódico *The New York Times* publica un informe sobre la depresión que embargó a los pensionados estadounidenses durante la crisis de 2008 por la drástica disminución de inversiones en los fondos de pensión. En los barrios de pensionados se advertía el duelo. La gente se veía como si alguien hubiera muerto. La psicoterapeuta Barbara Goldsmith, que se ocupa del duelo, dice que estas personas de hecho se enfrentaron con la muerte: "Murió su dinero".

¿Cómo entender la muerte del dinero? ¿Cómo puede morir algo que jamás tuvo vida? ¿Tal vez sea necesario seguir matando al dinero sin cesar, porque no podemos admitir que siempre ha estado muerto? ¿Cómo explicar si no el placer por el juego o por desperdiciar el dinero en grandes compras, a menudo innecesarias? Los psicólogos estadounidenses han intentado averiguar qué mueve a hordas de gente de clase media a ir a Las Vegas a —prácticamente— tirar por la ventana el dinero que han ganado con tanto esfuerzo. El visitante promedio de Las Vegas vive su vida bajo la presión constante por ganar más dinero. Pero estadísticamente, ese visitante —padre de familia promedio—, se pone a conversar con sus hijos tan solo unos diez minutos a la semana, y si son adolescentes apenas unos veinte minutos al mes. Si está casado (la mitad de ellos se ha divorciado), él y su mujer se dedican veinte minutos uno al otro el fin de semana. La mayor parte del tiempo restante está dedicado al trabajo, a mirar la televisión y a comprar los artículos de menor precio. Y es un tipo de consumidor que está dispuesto a conducir durante horas para ahorrar en sus compras. Pero cuando visita Las Vegas su relación con el dinero cambia completamente. Si antes el dinero le provocaba angustia y la sensación de que es siempre escaso, en los juegos de azar empieza a disfrutar arrojándolo por los aires.

El visitante de Las Vegas sabe racionalmente que los mayores ingresos de los juegos de azar son para la casa. Su experiencia previa le ha demostrado que habitualmente pierde. Pero el placer de la pérdida es algo a lo que el estadounidense medio no quiere renunciar por nada del mundo. Este disfrute no parece nada fascinante desde afuera. La mayoría de los jugadores que se agolpan entre una y otra casa de juegos tiene graves depresiones. Después de arrojar grandes cantidades de dinero en las máquinas tragamonedas, un tanto aturdidos, suelen decidirse a ahorrar de todos modos, y esperan hasta una hora en la fila del restaurante que ofrece por cinco dólares un menú libre, "coma tanto como pueda".

La depresión que tienen los inversores de la bolsa cuando caen sus inversiones no es diferente de aquella en la que están sumidos quienes se entregan a los juegos de azar. Unos y otros especulan con un futuro ficticio cuando se endeudan y se convencen de que ese futuro jamás llegará.

También las corporaciones tienen un comportamiento ilusorio hacia el futuro. El azar quiso que una vez tuviera que dar una conferencia en un encuentro de representantes de una gran corporación. Los empresarios que me invitaron me pidieron que mi ponencia no fuera pesimista. Mientras escuchaba otras ponencias, me parecía estar en una asamblea de fieles de algún tipo particular. Uno tras otro, los representantes de la corporación mostraban gráficos que pronosticaban la pronunciada suba de ingresos en los años siguientes. Al estilo de los hinchas de fútbol, los psicólogos describían la fantástica calidad del liderazgo, y los oyentes aplaudían entusiasmados ante la plétora de estímulos positivos. El evento recordaba una película de ciencia ficción. Como la ideología nos convence de que hoy, como todos somos consumidores, ya no hay lucha de clases, puedo adivinar cómo va a terminar la película. Tal vez como *El día de la marmota,* con la continua repetición del mismo día.

HIJOS DEL COMUNISMO, SÚBDITOS DEL CAPITALISMO

En 1984, en Gran Bretaña, Milan Šimečka, uno de los más notables disidentes eslovacos, publicó el libro *The Restoration of Order* [*La restauración del orden*], en el cual analiza cómo se desarrolló la así llamada normalización en Checoslovaquia en tiempos del régimen de Gustáv Husák. Šimečka vivió en carne propia esa normalización, ya que por haber enviado sus textos al extranjero en los años 1981 y 1982, el régimen lo castigó quitándole su cargo en la universidad y poniéndolo en prisión. Al salir, Šimečka nunca más pudo volver a las filas académicas y comenzó a ganarse la vida, entre otras cosas, como conductor de camiones.

En su libro, Šimečka expone de manera brillante cómo funciona el control en la sociedad totalitaria. El poder no se gana la obediencia de las personas porque castigue y encierre a uno por uno. Lo más eficaz es sembrar el miedo e inculcar la autocensura. En las empresas, por ejemplo, no era necesario intimidar en forma directa a la gente para que no criticara al poder; era suficiente que uno de los trabajadores perdiera su empleo de pronto, de un día para el otro, o que no pudiera ascender. Entonces los otros adivinaban cuál era el error que había cometido quien había sido castigado, con qué se había delatado, de quién sería pariente, quizá, y así siguiendo. Justamente el hecho de que el castigo hubiera ocurrido de manera imprevista y hubiera golpeado a personas que no eran necesariamente disidentes, contribuía a construir el sentimiento de miedo que ayudaba a que el régimen se mantuviera tanto tiempo en el poder.

Un medio de intimidación de especial eficacia era el hecho de que el castigo no siempre lo recibiera el sujeto potencialmente peligroso, sino sus hijos. Alguien de quien se sospechaba que pudiera tener tendencias disidentes era "normalizado" de modo que no podía, por ejemplo, inscribir a su hijo en la facultad. En tiempos del comunismo esa forma de amedrentamiento (que solo podía funcionar si en efecto se impedía a algunos la inscripción en la universidad) era muy eficaz. Para la gente es más fácil sobrevivir si ellos mismos son castigados y no si por sus actos se castiga a sus hijos. (Šimečka explica el esfuerzo extremo de las personas para que sus hijos recibieran educación superior como un deseo inconsciente de que la educación posibilitara a sus hijos comprender el absurdo del sistema en que vivían).

En el largo plazo, el éxito de la normalización de la que habla Šimečka radica en el borramiento del pensamiento independiente y crítico. ¿Acaso no ocurren cosas parecidas hoy, en tiempos del capitalismo? También hoy está en marcha un proceso de normalización, aunque sea un poco distinto. El capitalismo no necesita tanto de la coerción externa como de la identificación interna con normas no escritas. Al igual que el comunismo, el capitalismo necesita ante todo de la autocensura. Y esta última se ejerce en infinidad de formas sutiles. Pongamos por caso que trabajamos en una gran empresa y sabemos que la adquisición por la dirección [*management buyout*] de la compañía se ha llevado a cabo de un modo muy cuestionable. Más allá de nuestros reparos, nos mantendremos callados porque tenemos miedo de que cualquier crítica a la dirección amenace nuestro puesto de trabajo. O por ejemplo, digamos que somos miembros de un partido que lucha por un puesto importante en las próximas elecciones, pero sabemos que en el partido ocurren cosas que no son en absoluto éticas. Si con la posible victoria del partido en las elecciones esperamos mejorar nuestra posición, es poco probable que nos expongamos y denunciemos las cosas que no nos gustan del partido.

También en el capitalismo es importante que la gente pierda sus funciones de la noche a la mañana, que sus puestos de trabajo estén constantemente bajo la lupa y que sus operaciones políticas les cobren venganza antes o después. Tal vez en el capitalismo sea menor el deseo de darles a nuestros hijos una buena educación para que comprendan lo absurdo de esta sumisión. La educación se entiende más como pasaporte a la esfera del bienestar económico, como acciones, inversiones en un futuro económico más próspero, y no como mecanismo que nos posibilite un pensamiento crítico sobre el sistema y nos permita intentar reflexionar sobre las alternativas de organización de la sociedad en la cual vivimos.

El sistema en el que antes vivíamos en Europa del Este parecía bastante uniforme. También nuestras vidas, nuestros salarios, nuestro seguro social, etc., eran muy equilibrados entre sí. Hoy por supuesto hay grandes diferencias sociales, pero paradójicamente la sociedad de consumo crea una relativa uniformidad de hábitos de vida. En Alemania se llevó a cabo una investigación sobre los hábitos de vida y las ambiciones del así llamado ciudadano medio (de clase media y de mediana edad). El hallazgo que más sorprendió a los investigadores fue que la gente es muy parecida entre sí. En la sociedad contemporánea siempre tenemos la impresión de que podemos hacer de nuestras vidas algo único, de que los sujetos somos capaces de desarrollarnos cada uno en un sentido singular y de que somos algo así como los artistas de un gran proyecto: nuestra propia vida. La investigación alemana demostró que la vida cotidiana del alemán medio está lejos de esos ideales que difunden los medios y que tantas veces nos hacen sentir que erramos el camino de nuestras vidas... porque en realidad nuestras vidas no son nada especial.

¿Cómo opera entonces la normalización en la sociedad capitalista desarrollada? El ciudadano medio alemán de mediana edad compra en Lidl o en Aldi; tiene relaciones sexuales 117 veces al año; tiene un viejo Golf de color plata durante varios años y lo lava nueve veces por año; sale de vacaciones dos veces al año (el destino más elegido es Mallorca); trabaja 30,3 horas por semana (en 1960 trabajaba 41,4 horas); considera que el precio del producto es más importante que su calidad; piensa en pintar su departamento y cambiar el parqué; necesita quince minutos para conciliar el sueño; y gana un promedio de 3.702 euros al mes. La diferencia entre los varones y las mujeres radica en que los hombres son en su mayoría demasiado gordos, toman más y sueñan más con el sexo, mientras que las mujeres prefieren leer horóscopos y libros sobre dietas.

Resulta muy interesante que tanto en el comunismo como en el capitalismo hay una gran diferencia entre los ideales y la realidad. La ideología comunista operaba con el ideal de una sociedad sin clases, donde el poder estuviera en manos de los productores, es decir, de sus representantes electos sin intermediación. La paradoja de esta ideología era que nadie creía en ella, y en especial no creían en ella los jefes del partido. Sin embargo, como lo han demostrado varios estudios, para el éxito de una ideología es irrelevante si la gente en verdad cree en ella o no; es suficiente con que cuenten con que tal vez hay alguien que sí cree y no expresen públicamente que ellos no creen. En el capitalismo el problema de la fe en los ideales se manifiesta de un modo similar. Las personas son bombardeadas por la idea de que deberían aspirar a ciertos ideales (pongamos por caso, que tendrían que tener un cuerpo ideal, una vida acomodada e interesante, una pareja ideal, etc.). La realidad es que sus vidas están uniformadas. La gente sabe que no existe nadie cuya vida esté cerca del ideal, pero de todos modos no manifiestan la verdad: que los ideales son gestos de *marketing* de las corporaciones, que necesitan nuevos consumidores sin cesar.

Paradójicamente, la normalización comunista tiene éxito en el capitalismo. Las personas están repletas de autocensura, temerosas de su existencia, tan ocupadas con el consumo que piensan poco en los problemas globales de la sociedad. Y sobre todo están cada vez más endeudadas, lo cual sin duda contribuye a que no tengan poder de reflexión crítica.

ECONOMÍA DE LOS SENTIMIENTOS

Recuerdo una pregunta que le hicieron en una entrevista a una de las mujeres líderes de la industria cinematográfica estadounidense: cómo es que con una vida tan exitosa no había tenido hijos. Ella respondió que rara vez en su vida había encontrado una mujer que tuviera todo: una pareja maravillosa, hijos satisfechos y una carrera fantástica. Sí había visto muchas mujeres que reunían sin problemas dos cosas: por ejemplo, la pareja y los hijos, la pareja y la carrera o la carrera y los hijos. Alguna otra teórica estadounidense responde al dilema de cómo unir la relación de pareja, los hijos y la carrera diciendo que la mujer puede tenerlo todo, pero no en el mismo momento.

El problema de la sociedad contemporánea es que el sujeto a menudo tiene la sensación de que puede hacer lo que quiera con su vida, y de que tiene infinitas posibilidades de "tenerlo todo" si se esfuerza lo suficiente. La paradoja es que por un lado parecería que la vida es una especie de cúmulo de elecciones racionales, y por el otro los sentimientos parecen ser su principio rector. Así, los libros más vendidos sobre pensamiento positivo nos enseñan cómo aprender a pensar en lo que realmente queremos y cómo es posible conseguirlo con el total direccionamiento del pensamiento. Al mismo tiempo, otros libros nos advierten que debemos seguir nuestros sentimientos y aceptar las decisiones cuando en nuestro interior sentimos que son las correctas.

La ideología que cree en el poder de la elección racional y la ideología que exalta el poder de los sentimientos se entrecruzan en todos los aspectos de la vida. Si antes el trabajo, los hijos y la relación de pareja se consideraban aspectos en los que teníamos que demostrar responsabilidad y compromiso, hoy los tres aspectos se han vuelto ámbitos en los cuales, por un lado, nos preguntamos qué sería más racional elegir y, por el otro, nos ocupamos de los sentimientos que ellos nos despiertan. En Occidente hay un gran aumento del número de denuncias por parte de empleados que se sienten mal a causa de su equipo de trabajo. Los terapeutas matrimoniales enseñan a hablar de las emociones propias y a reconocer las emociones ajenas. Preguntamos constantemente a los hijos cómo se sienten en la escuela y qué sentimientos les despertamos como padres.

Tanto la glorificación del pensamiento positivo como la devoción por el poder de las emociones provocan sentimientos de culpa e impotencia. Pongamos por caso que tenemos cáncer y, a pesar de lo mucho que nos empeñamos en el pensamiento positivo, la enfermedad avanza. Además de la impotencia, tenemos un constante sentimiento de culpa porque no hemos enfocado nuestros pensamientos lo suficiente o porque hemos estado demasiado llenos de sentimientos negativos y así perdemos la batalla contra la enfermedad. En medio de toda la andanada de psicología positiva parece que ya no hay lugar para la pérdida y que en realidad es muy difícil imaginar lo negativo como tal. La ideología de lo positivo parece no reconocer errores, impotencias ni fracasos.

Si el psicoanálisis es escéptico con respecto a los motivos de la elección racional, es igual de escéptico con respecto a los sentimientos. Aunque no niega el significado de los sentimientos, elude la cuestión de si hay algo en ellos que pueda ser nuestro principio rector sin mediaciones. En la relación de pareja, por ejemplo, suele ocurrir que uno de los dos no pueda dormir junto al otro. Abandonarse al sueño junto a otra persona requiere una cierta forma de confianza. Cuando la angustia impide que alguien pueda dormirse en la cama matrimonial, se trata a todas luces de un sentimiento auténtico que puede dar cuenta de que algo está pasando en la relación de pareja, que quizá uno de los dos no es sincero con el otro o cosas similares. Sin embargo, la angustia puede estar ligada al temor de repetir alguna situación traumática del pasado o al temor al futuro, y quizá ninguna de las dos cosas esté relacionada en modo alguno con la pareja. Un sentimiento es, entonces, un signo cuyo significado no podemos descifrar a partir del simple hecho de su aparición y, a la vez, a menudo no resulta fácil poner en palabras el sentimiento, es decir, lo que decimos de él puede enmascarar un problema inconsciente, el cual ha desencadenado el sentimiento.

La ideología actual, que tanto énfasis pone en el poder de los sentimientos, también alienta la idea de que en la vida hay que experimentarlo todo. Si deseamos experimentar un sentimiento en particular, tarde o temprano el mercado ofrece una forma de hacerlo posible (de las drogas a la conducción de alto riesgo, de los deportes extremos a determinados gustos gastronómicos). Este deseo de traspasar lo habitual y buscar lo nuevo está muy presente en especial en la forma de entender la sexualidad. Si la sexualidad siempre estuvo ligada a numerosos fantasmas, que pocas veces se realizaban, hoy es diferente. El sujeto puede encontrar muy rápido en Internet la posibilidad de confrontar sus fantasmas con la realidad. Sabemos a través del psicoanálisis que el placer que obtenemos de algún fantasma está a menudo ligado a que el fantasma no se realiza. Al contrario, la realización del fantasma puede provocar extraordinarios sentimientos de horror, repulsión y culpa.

Por supuesto, el comercio también juega con los sentimientos. La próxima vez que vayan de compras, piensen en cuánto invitan a la compra el olor, la luz y en especial la música. Los consultores estadounidenses de negocios inmobiliarios advierten que resulta clave el aroma del departamento cuando queremos venderlo. Aparentemente, lo que mejor funciona es el olor a pan recién horneado. En efecto, en el plano inconsciente, este aroma produce la sensación de estar en la tibieza del hogar y parece estar vinculado a nuestros fantasmas ocultos sobre una vida familiar feliz.

El problema de la sociedad contemporánea de los sentimientos es que, por un lado, tenemos la percepción de que es posible experimentar todas las emociones, por el otro, creemos que podemos manipularlas con determinados enfoques del *marketing* y, en tercer lugar, pensamos que podemos formularlas claramente con palabras. Y el problema de la ideología de la elección racional radica en que no admite el hecho de que toda elección significa necesariamente también una pérdida. En la literatura *new age* a menudo se cita un poema de Robert Frost que habla sobre alguien que se encuentra ante dos caminos en el bosque. Al ponderar cuál de los caminos elegir, decide seguir el que tiene menos huellas. El poema advierte sobre la importancia de elegir el propio camino y no seguir por fuerza el que recorre la mayoría. Pero cuando estamos ante la encrucijada y elegimos uno de los caminos, debemos ser conscientes de que con la elección de uno de los caminos hemos perdido la posibilidad de elegir el otro. Al mismo tiempo, debemos ser conscientes de que la elección de uno de los dos caminos de ninguna manera ha sido solo una elección racional.

En tiempos en que las personas tienen la impresión de que todo es posible, el hecho de que cada elección signifique por fuerza una pérdida es algo difícil de aceptar. Una forma de enfrentar lo ineludible de la pérdida es cambiar de rumbo todo el tiempo. Unos cambian sin cesar de proveedor de telefonía celular; otros, de pareja; otros, de profesión. Cuando elegimos algo nos parece de inmediato que no es lo correcto y que otra cosa nos daría mayor satisfacción.

Una vez fui testigo en Gran Bretaña de la conversación de dos solteros empedernidos, cincuentones de buena posición económica. Uno, que cambiaba de pareja sin cesar, asociaba el hecho con sus gustos culinarios: ni se le ocurriría comer el mismo plato todos los días. El segundo agregó que cuando con el correr de los años se volvieran a encontrar, ya viejos y solitarios, podrían decir: "Al menos dejamos abiertas todas las opciones". Tenerlo todo significa justamente eso: tener todo el tiempo la sensación de que todo existe como posibilidad y por tanto podemos realizarlo.

Entonces, la respuesta al problema de cómo tenerlo todo es no tener nada.

CARGOS EXTRA POR PEQUEÑAS COMODIDADES

¿Qué hacer cuando nos encontramos al final de una larga fila de gente y se nos hace tarde, y sería de gran ayuda saltarnos la fila? Me encontré en ese brete hace poco tiempo, cuando a causa de una demora del tren llegué muy tarde a un aeropuerto de Londres y en la sinuosa fila que serpenteaba ante el puesto de control de pasajeros me di cuenta de que iba a perder el avión. En situaciones como esa, a menudo contamos con que alguien nos ayude. En los viejos tiempos los empleados aeroportuarios ayudaban a los que llegaban con demora a abrirse paso hasta el comienzo de la fila, o bien los mismos pasajeros pedían a la gente que tenían por delante que les cediera el paso. Hoy en día la solución es el dinero.

Cuando con horror noté que la fila se movía con gran lentitud, me encontré mirando las expendedoras automáticas que ofrecían prioridad de paso por el control de seguridad. Por cuatro libras, la máquina me dio un papelito que me libró de la espera de inmediato. Un guardia dedicado exclusivamente a esa tarea conducía a las personas con el papelito al comienzo de la fila, lo cual significaba que todos aquellos que no habían comprado ese papelito tenían que esperar aún más. Mientras que antes un guardia igual a este hacía lo mismo como parte de una especie de "humanitarismo" para ayudar a las personas que de otro modo habrían perdido su avión, hoy su trabajo permite a una empresa (al aeropuerto, a los fabricantes de máquinas expendedoras) obtener una ganancia. Se trata de una especie de donación a las nuevas formas de la economía de mercado.

Muchas veces, el cargo extra que se permite pagar un sujeto por un poco de comodidad indirectamente le resta comodidad a otro sujeto que no ha comprado ese beneficio extra. Claro que podemos decir que también antes, cuando para saltar la fila no era necesario pagar, el que permitía a otra persona adelantarse perdía algo de comodidad, pero en ese caso existía la posibilidad de elegir (un sujeto podía negarse al pedido de otro de saltar la fila).

El consentimiento era un gesto consciente de amabilidad. Pagar para adelantarse en la fila consiste en el mero predominio financiero, en el que quien tiene que esperar más tiempo no puede decir que no tiene la más mínima intención de ceder el paso al otro.

En distintos aspectos de nuestra vida ocurre algún tipo de "ryanización". La compañía aérea *low-cost* Ryanair es pionera en Europa en la introducción de cargos extra por pequeñas comodidades. La compra de un pasaje de avión es hoy algo extremadamente estresante. En efecto, se bombardea al comprador con opciones de compra extra para un estatus especial que le posibilite pasar primero, obtener el asiento en el puesto deseado, el permiso para un tipo de equipaje en particular. Por influencia de las *low-cost,* otras compañías aéreas también han comenzado a aplicar un cargo extra por la elección del asiento y por la mayoría de los servicios de atención durante el vuelo. También en los hoteles hemos tenido que acostumbrarnos a los cargos por servicios extra. En la mayoría, hay que pagar un cargo extra por el desayuno y por Internet, y algunos han introducido un pago extra aun dentro del desayuno. El sujeto que compra el desayuno tiene acceso solo a determinados alimentos, y cada artículo agregado se factura por separado.

Al principio el cargo extra aparece como la posibilidad de sacrificar algo de dinero por un pequeño aumento del disfrute que otros no tienen. Pero la introducción de estos agregados cambia de manera radical las condiciones del mercado antes establecidas. Los proveedores de servicios de telefonía e Internet nos obligan a decidir todo el tiempo entre paquetes estándares y superpaquetes. La paradoja reside en que aquello que antes era lo corriente, después de un tiempo se vuelve un lujo por el cual por supuesto hay que pagar un cargo extra. En ocasiones el agregado se vuelve obligatorio. Esto ocurrió en Eslovenia con el seguro de salud complementario. Si al principio parecía que la gente iba a poder comprar algo más de confort con ese seguro de salud complementario del seguro obligatorio, la situación actual es tal que quienes no tienen ese seguro tienen un acceso muy limitado al cuidado básico de la salud.

Además, hoy los cargos extra nos posibilitan aislarnos de las demás personas. En el hospital, un pago extra nos asegura un cuarto propio, y en algunas cárceles estadounidenses, por 82 dólares al día no solo compramos celdas más bonitas sino también una ubicación alejada del ruido de los otros condenados. En los Estados Unidos es una práctica muy extendida pagarle a alguien para que haga la fila en lugar de nosotros. Puede tratarse de la fila para un nuevo teléfono de Apple, para entrar al museo a la exposición deseada o incluso para escuchar las ponencias de un congreso.

En tiempos en que predomina el así llamado *outsourcing* o tercerización —contratar a alguien para que haga determinadas cosas para nosotros—, también los vínculos afectivos y la socialización se vuelven parte de este mecanismo. En las relaciones amorosas siempre existió una serie de transacciones monetarias. Pero hoy en día las personas pagan incluso para no tener que involucrarse en una relación amorosa. En su libro *La mercantilización de la vida íntima,* la socióloga estadounidense Arlie Russell Hochschild describe el ejemplo de un empresario que ofrece empleo a través de un anuncio: busca una mujer con estudios superiores para acompañarlo en viajes de trabajo y cenas de negocios. El empresario aclara expresamente en el anuncio que la acompañante tendrá los gastos de viaje pagos en primera clase, alojamiento en su propio cuarto de hotel y un honorario por su presencia en las cenas. Subraya en especial que no se trata de ninguna manera de una propuesta sexual y que la aspirante no debe tener expectativas de una relación amorosa. El empresario desea comprar los servicios de alguien que desempeñe el papel de pareja, y está incluido en el precio el hecho de que no le resulte necesario invertir sus emociones en la relación.

El filósofo de Harvard Michael Sandel, en su libro *Lo que el dinero no puede comprar,* aborda la cuestión de los límites morales del mercado y pone ante el lector preguntas concretas: ¿es moralmente aceptable que algunas escuelas estadounidenses paguen a los niños dos dólares por cada libro leído o que las personas se inscriban en programas de adelgazamiento que les ofrecen un premio en dinero por sus logros? Aún más problemáticas son las formas en que se comercia con la muerte. En los Estados Unidos, muchas personas se han enriquecido a costa de pagar una póliza de seguro a los ancianos. Cuando estos mueren, aquellos cobran sus seguros de vida. Se trata de una inversión particularmente redituable si la persona muere pronto.

Hoy en día el dinero alcanza muchos campos que en el pasado estaban ausentes del intercambio monetario. En el proceso de reproducción podemos comprar esperma, óvulos o la subrogación de vientres. Los países venden unos a otros sus desechos. Las empresas compran el derecho a una mayor contaminación del aire. Se comercia con los refugiados, se venden órganos. En los Estados Unidos se paga el acceso al número telefónico privado del médico. En algunos lugares, los cazadores pagan por el derecho de cazar especies animales en extinción. Los padres pagan a los hijos por sus buenas calificaciones. La gente alquila supuestos amigos para que vayan con ellos a fiestas y cosas similares. Sandel advierte que el mercado y el dinero cambian la naturaleza de los bienes que tocan. Cuando en determinado campo empezamos a regular las relaciones a través del dinero, la naturaleza de esas relaciones cambia. Por eso es necesario preguntarse todo el tiempo hasta dónde puede llegar la economía de mercado, qué debe quedar más allá del intercambio financiero y cómo podemos limitar los mercados.

Hoy oímos decir muy a menudo que los mercados hablan, que envían señales, que están disconformes y por eso nos van a sancionar con rigor. Si muchas relaciones interpersonales se han monetarizado y despersonificado (por ejemplo, el hecho de que hoy no tengamos que pedir que nos dejen pasar sino que debemos comprar un papelito), los mercados en cambio se han personalizado fuertemente. Nos comportamos como si fueran un ser vivo con poder divino. En su libro *Can the Market Speak?* [*¿Puede hablar el mercado?*], Campbell Jones subraya que el problema no es solo que los mercados de ninguna manera pueden hablar, sino por sobre todo que no pueden pensar. Ante la cuestión de quién habla hoy y qué es lo que dice, Campbell propone concentrarse en los que oyen hablar a los mercados y en los que hacen silencio ante las interpretaciones de lo que se supone que dicen los mercados.

En psicoanálisis, los psicóticos son por lo general quienes escuchan voces y ven ojos que los persiguen. Hoy asistimos a una suerte de psicotización general, ya que oímos voces que parecen enviar los mercados. Por lo general, estas voces son interpretadas como algo negativo: amenaza o ira. Es igualmente importante que el lenguaje de los mercados no se concibe como algo que pueda comprender la gente común y corriente. Como el lenguaje de los mercados no es claro, ha aparecido una serie de descifradores que parecen saber traducir las señales que envían los mercados a un lenguaje comprensible para la gente. Pertenecen al grupo de estos descifradores comentaristas económicos variopintos, una serie de asesores que por supuesto son contratados por las empresas y las grandes casas de calificación crediticia.

Entre los empresarios líderes en el extranjero se dice: "Si no quieres perder el empleo, contrata a McKinsey". La paradoja es que la empresa que contrata los servicios de esta gran consultora no debe revelarlo. En su libro *The Firm: The Story of McKinsey and Its Secret Influence on American Business* [*La compañía: La historia de McKinsey y su influencia secreta en los negocios estadounidenses*], Duff McDonald se pregunta cómo es posible que McKinsey siga siendo una empresa tan respetada si ha dado tantos consejos equivocados. Una de las respuestas es su confidencialidad. Como todas las empresas se comprometen a no decir públicamente que McKinsey las ha asesorado, no pueden vanagloriarse de que el éxito esté vinculado a un buen consejo. Pero —y esto es aún más importante— tampoco pueden decir que su fracaso esté vinculado a ese consejo.

Los descifradores de lo que dicen los mercados han aprendido de los mercados que su lenguaje también debe ser confidencial para que sigan siendo necesarios nuevos descifradores. Y por cada decodificación hay que pagar una nueva suma, por supuesto.

En tiempos de angustia generalizada por lo que puedan decir los mercados, salen ganando los variados gurús —desde las grandes empresas consultoras hasta las más pequeñas—, que hoy en día montan sus *stands* incluso en muchos centros de compras y hacen proyecciones para que las entiendan las personas comunes y corrientes. Sin embargo, junto a las filas que serpentean ante tales stands aún no han instalado expendedoras automáticas de papelitos que nos permitan saltar la fila. Aunque, por cierto, los fieles siempre tienen que ofrecer sus dádivas a un dios, sea este el mercado o cualquier otro.

Ajustarse los cinturones

LA EXPERIENCIA DE LA POBREZA

POCO ANTES DEL INICIO de la crisis económica del año 2008, una prestigiosa revista inglesa publicó una nota acerca de cómo sobrevivir catorce días en Londres sin dinero, sin tarjetas de crédito e incluso sin alojamiento. La periodista se lanzó a la aventura como si fuera a explorar pueblos primitivos en tierras lejanas. Los pobres y los sin techo eran objeto de una investigación directa que un verdadero aventurero solo puede llevar a cabo si muda de piel y se vuelve uno de ellos durante algún tiempo. La nota que se publicó como resultado de esa investigación de la pobreza estaba llena de bonitas fotos de la periodista rebuscando en la basura, colándose en fiestas donde se come gratis, buscando relacionarse con okupas para obtener albergue sin costo, etc. Pero el texto describe la pobreza como la mayor aventura que uno pueda permitirse en un tiempo de abundancia.

Uno de los hoteles más caros del desierto en Egipto se jacta de no tener electricidad y de que los huéspedes no pueden elegir lo que el cocinero local les pondrá sobre la mesa. Si para semejantes experiencias pagamos una buena suma, sin duda es un desafío mayor hacer algo que no puede comprarse con dinero: probar cómo sería ser pobre. En el mismo momento en que fue publicada la nota antes mencionada, otro periódico inglés publicó la columna de una nueva colaboradora, que describe cómo se puso a llorar por la mañana cuando vio en su heladera tan solo una costilla de cerdo. La periodista dice que sobrevivir en Londres sin dinero es parecido a la experiencia de sus amigos, que se van en busca de espiritualidad a la India o intentan conocer el estilo de vida de los pueblos del Tercer Mundo en excursiones por la montaña. Cuando sus amigos le escriben acerca de sus andanzas por la India, se enorgullece mucho de su propia experiencia en la pobreza. El hecho de que haya sobrevivido en Londres con un mínimo de dinero es una aventura mayor que hacer visitas turísticas a los pobres del mundo.

Esa glorificación de la pobreza vende bien en libros que aconsejan cómo simplificar la vida o describen la experiencia de quienes tomaron la decisión de no hacer gastos por algún tiempo. Una pareja californiana, por ejemplo, sobrevivió un año sin comprar nada. Por supuesto, se permitieron comprar comida y los productos básicos para la higiene, pero limitaron en forma terminante todos los otros bienes. Comenzaron a arreglar sus objetos usados, a pedir prestados libros y discos compactos, a buscar algunas cosas en la basura. La escritora Judith Levine se lanzó a una prueba parecida: en su libro *Not Buying It: My Year Without Shopping* [*No lo llevo: Un año sin ir de compras*], describe su experiencia como una gran purificación y como una de las mejores cosas que ha hecho en la vida.

Con estos libros, la idea de simplificar la vida se ha vuelto solo una instancia de consumo más. Los autores que describen su vida sin comprar han ganado bien con sus libros, y algunos de ellos incluso han comenzado a dar consejos por dinero acerca de cómo salvarse de los trastos y cambiar de vida.

La idea de limitar el consumo fue retomada también por algunos filósofos estadounidenses que promueven la vuelta al principio de comunidad y luchan contra la mayor propagación del individualismo. Apelan al hecho de que la gente trabaja cada vez más para luego poder gastar más y más, mientras que su calidad de vida empeora más y más. Ante la pregunta por cómo puede haber un cambio hacia una sociedad menos consumista, los defensores de la reducción del consumo subrayan que es importante que las personas más influyentes de una comunidad decidan tomar ese camino. Su reputación y ejemplo puede arrastrar a las mayorías.

La ideología de la "vida sencilla" hace ya tiempo que gotea sobre la ideología capitalista, que promueve la elección individual como el principio rector fundamental del desarrollo de la sociedad. La ideología conservadora ha entendido siempre la pobreza como elección. Desde sus comienzos, el capitalismo se ha fundado en que todo sujeto puede ser exitoso si se esfuerza lo suficiente. El hecho de que alguien proviniera de un entorno pobre se entendía como una ventaja y no como un obstáculo. La ideología del *self-made man* alentó la imagen de que el sujeto que logra salir de la pobreza, que hace algo de su vida y en particular que se enriquece, es más respetado que quien es hijo de la prosperidad.

La ideología que vende la sencillez como un nuevo estilo de vida también se funda en la idea de que el sujeto tiene pleno poder sobre lo que hace con su vida. La crítica social es reemplazada por la autocrítica del individuo. La pobreza se vuelve la elección que podría proporcionar un beneficio especial bajo la forma de nuevas experiencias, de la afirmación de la personalidad, de la búsqueda de placer en la autolimitación. En su artículo "Living 'Poor' and Loving It" ["Vivo 'pobre' y me encanta"], Donna Freedman insiste en que la pobreza fue la mejor decisión de su vida. Decidió dejar a su marido y el confort para probar hacer algo nuevo con su vida, con medios mínimos. Solo la experiencia de la pobreza le daría a su próximo objetivo verdadero valor.

Desde el comienzo de la crisis económica escuchamos consejos sobre cómo limitar el consumo, por un lado, y por el otro la ideología oficial, en especial la estadounidense, insiste todo el tiempo en que la situación económica solo puede mejorar si aumenta el consumo. La ayuda estatal a los compradores que han cambiado su viejo automóvil por uno nuevo apunta justamente a incentivar el consumo.

La transformación de los pobres en consumidores es una estrategia que también usó el ex presidente de Brasil: Luiz Inácio Lula da Silva puso en práctica un subsidio monetario universal para los ciudadanos que no tenían ningún ingreso. Con esta medida mató dos pájaros de un tiro. Se ganó un gran apoyo de los votantes pobres y a la vez aseguró un aumento del poder de compra de la población que permitió el resurgimiento del consumo y, en forma indirecta, el enriquecimiento de los más ricos. El problema de la estrategia de Lula radica en quién es el consumidor ideal de la familia. Las investigaciones demuestran que si quien recibe el dinero en la familia es el varón, en general gasta el dinero en alcohol, mientras que las mujeres actúan de un modo más racional y compran bienes para los hijos.

La medida populista del ex presidente de Brasil se topó con un problema inesperado en los primeros meses. La mayoría de la gente que podía recibir la ayuda no tenía cuenta bancaria. Muchos habitantes de las favelas no se atrevían a pisar un banco porque temían que los persiguieran los guardias. Al principio tuvieron que ayudar a la población, en especial a las mujeres, para que no se sintieran humilladas de antemano y temerosas de relacionarse con instituciones como los órganos del Estado y los bancos. El segundo problema era cómo transformar en consumidores deseados a las personas que por fin se atrevieron a abrir una cuenta bancaria. Los bancos y el Estado lo consiguieron ofreciendo créditos a quienes lograron mantener un saldo positivo en las cuentas durante tres meses. Se trata de una muy buena estrategia para quien con el crédito intente desarrollar alguna actividad que lo independice de la ayuda estatal. Pero es más preocupante cuando el capitalismo sencillamente necesita un consumidor que siga gastando al infinito y se endeude cada vez más.

Con la crisis económica surgió el temor de que los consumidores se tomaran demasiado en serio aquello de ajustarse los cinturones y que tomara demasiado tiempo que volvieran a los comercios con pasión. Era algo así como si los que luchan contra las drogas lamentaran que las personas en efecto hubieran abandonado las drogas.

Así como la crisis económica no dio inicio a un debate acerca de qué organización alternativa de la sociedad puede pensarse para el futuro, sino que despertó el deseo de negar la situación y de continuar con una indiscriminada estratificación de la sociedad, así también la crítica del consumo no trajo otra cosa más que consumo con un nuevo rostro. Por eso es de esperar que el papel del Estado en el futuro consista sobre todo en subsidiar la perpetuación del capitalismo a ultranza y no en su regulación.

¿QUIÉN GANA CON LAS IMÁGENES DE LA POBREZA?

Cuando miramos fotografías impactantes y cine documental sobre las áreas más pobres del mundo, nos preguntamos quién gana con eso y si los pobres obtienen algún beneficio por aparecer en los periódicos occidentales o en los programas de televisión. Es evidente que con las imágenes de la pobreza ganan los medios, pero también los fotorreporteros y los productores de televisión de los países ricos. Muchos de quienes han sido objeto del registro desolador de la pobreza o de los padecimientos de la guerra muchas veces no saben que se han vuelto famosos y que los conoce todo el mundo a través de las fotografías. Esto es lo que ocurrió con una de las fotografías más publicadas de *National Geographic,* de una niña afgana de ojos verdes, que se ha usado desde hace décadas en las publicidades de la revista. La fotografía de la niña de bellos y conmovedores ojos que observa muda la cámara se ha vuelto el ícono de la gente del Tercer Mundo para los espectadores occidentales. La niña tiene la cabeza cubierta y una vestimenta pobre, pero una mirada penetrante. Sin embargo, lo importante es que tiene ojos claros. El hecho de que el color de sus ojos no sea frecuente en el Tercer Mundo la ha vuelto atractiva para los espectadores del mundo desarrollado. La niña se parece a los occidentales, justamente por sus ojos. Su otredad es menos molesta, nos resulta más fácil identificarnos con ella porque tiene algo parecido a nosotros.

Esta fotografía fue publicada por primera vez en *National Geographic* en 1985. Había sido tomada un año antes, cuando a causa de la guerra afgano-soviética muchos afganos fueron refugiados en Pakistán. En uno de los campos de refugiados el fotógrafo Steve McCurry siguió de cerca los padecimientos de los refugiados. Una de sus últimas fotos después de un largo día de registro del sufrimiento fue la de la tímida niña que llegó al campo después de que los rusos hubieran asesinado a sus padres. Cuando el fotógrafo la abordó, estaba furiosa y atemorizada, porque jamás le habían tomado una fotografía. McCurry no esperaba en absoluto que la foto de la niña tocara el corazón de tantas personas y que su imagen fuera usada sin pausa en los medios. A pesar de ser una gran celebridad, nadie sabía cómo se llamaba ella o dónde vivía. Solo diecisiete años después, el equipo de *National Geographic* decidió salir en su búsqueda junto con el fotógrafo. En 2002, por un indicio de un ex refugiado del campo pakistaní, fueron a las montañas Tora Bora en Afganistán y en un pueblito apartado encontraron a la mujer que se llamaba Sharbat Gula y recordaba que alguna vez la había fotografiado un occidental. Sharbat era madre de tres hijos, muy pobre, casada con un musulmán conservador. Para asegurarse de que Sharbat era aquella niña, los productores pidieron ayuda a científicos de una universidad estadounidense y corroboraron que el color de los ojos de

Sharbat coincidía con el de los ojos de la fotografía. Claro que el problema era cómo convencer a Sharbat para que se dejara fotografiar otra vez. Cuando finalmente su esposo se lo permitió, ella posó para el fotógrafo, pero no quiso mirarlo a los ojos ni sonreírle. Durante un tiempo breve recorrieron el mundo fotografías de Sharbat sosteniendo en la mano la *National Geographic* con su foto de niña en la tapa. Los comentarios a sus fotografías subrayaban lo envejecida que se veía para una mujer de veintinueve años, qué desmejorada estaba, cuán profundamente habían marcado su rostro los traumas de vivir en un país que llevaba décadas en guerra y donde cada familia había sufrido alguna dolorosa pérdida. Por supuesto, Sharbat fue rápidamente olvidada y no obtuvo ningún beneficio de su imagen, utilizada en las publicidades de *National Geographic* durante décadas. Si a *National Geographic* le interesa tanto esta mujer, bien podemos preguntarnos por qué sigue utilizando la imagen de ella a los doce años de edad y no la actual. ¿Estará de acuerdo Sharbat con que su imagen de niña siga utilizándose en los medios?

Para explorar la cuestión de la representación del sufrimiento y la pobreza en los medios occidentales, el artista holandés Renzo Martens decidió realizar el film *Episode III: Enjoy Poverty*. El film se pregunta quién gana con las imágenes de la pobreza y si los pobres obtienen algo de las ventas que los medios hacen exhibiendo imágenes de su sufrimiento. Como los pobres no tienen para vender nada más que su pobreza, el proyecto de Martens se aproxima también al problema de cómo podrían los pobres ganar algo con su pobreza. El film tiene como premisa que lo mejor sería que los mismos pobres tomaran las fotografías y que luego las vendieran a los medios occidentales. En un pueblito pobre del Congo, Martens encontró a fotógrafos locales que hacían unos pocos pesos fotografiando bodas y otros eventos del pueblo. Les propuso que comenzaran a fotografiar imágenes de la pobreza y los padecimientos de sus vidas cotidianas: que registraran a niños hambrientos, mujeres violentadas, pobres moribundos, etc. Ellos tomaron la idea y comenzaron a traer fotografías terribles con distintas imágenes de personas en sufrimiento. Cuando Martens trató de acordar que los fotógrafos locales obtuvieran credenciales de periodistas ante el representante de la organización Médicos sin Fronteras, para que así luego pudieran vender sus fotografías, la propuesta causó gran indignación. El hecho de que los pobres vendieran imágenes de la pobreza era demasiado atroz para los representantes de las organizaciones de ayuda humanitaria y los medios occidentales. Provocó indignación y repulsión. Cuando los fotógrafos locales preguntaron por qué ese tipo de fotografías se vendían bien si las ofrecían los fotógrafos occidentales, recibieron la cínica respuesta de que sus fotografías no eran de buena calidad desde el punto de vista técnico. El experimento artístico de Martens terminó con la indignación generalizada de los participantes: los fotógrafos pobres, que no habían ganado nada, estaban furiosos y se sentían humillados; la crítica de los espectadores occidentales fue que el artista era el único que había obtenido algún provecho de ese proyecto, porque empezó a exhibir el film en los festivales internacionales.

A veces y solo por casualidad, los pobres del Tercer Mundo consiguen algún reconocimiento. Es lo que ocurrió en Costa de Marfil cuando una antropóloga estadounidense investigaba la vida de los pobladores de un pequeño pueblito, célebre por sus excelentes artesanos de talla en madera. La antropóloga descubrió que los habitantes del pueblo recibían muy pocos ingresos, porque la mayoría quedaba en manos de los intermediarios que vendían las piezas de madera. Al final de su estadía en el pueblito, la antropóloga decidió que les regalaría su computadora portátil para que ellos mismos organizaran la venta de sus productos. Después de algún tiempo volvió al pueblo y preguntó a los pobladores si les había servido de algo la computadora, pero ellos contestaron que no sabían cómo usarla. En la choza de uno de los artesanos, la antropóloga vio con sorpresa una maravillosa copia en madera de su computadora. A este artesano le gustaba hacer copias en madera de objetos del mundo occidental como pasatiempo. La antropóloga encontró también en su casa copias en madera de un traje, zapatos y diversos artículos del hogar. Decidió llevárselos a los Estados Unidos y exhibirlos en una galería. Seguimos preguntándonos si, cuando se volvió famoso como artista posmoderno, el artesano pobre habrá recibido algo o si los beneficios se los volvieron a quedar los intermediarios.

Más de una vez la pobreza ha sido entendida como algo de lo cual obtener beneficios en el mundo occidental. En 2010, en la Tate Modern Gallery de Londres hubo una exposición sobre las distintas formas de observación subrepticia presentes en el arte. Los visitantes podían advertir cómo los fotógrafos, ya desde sus comienzos, fotografiaban la pobreza sin ser vistos. Intentaban registrar el rostro de la pobreza con cámaras ocultas. Trataban de sorprender a los pobres con la cámara antes de que ellos la vieran, como si solo así, a escondidas, pudieran mostrar cómo es la pobreza. Si bien desde siempre las imágenes de la pobreza han fascinado a los fotógrafos, a los medios y a sus lectores y espectadores, y con esas imágenes lamentablemente siempre han ganado los que las produjeron y publicaron, también desde siempre ha sido traumático contemplar cómo entienden los pobres las imágenes de sí mismos. Al terminar el proyecto de Martens, los pobladores del Congo le preguntaron si volvería al pueblo y les mostraría el film que había realizado. Martens dijo sin ambages que no. También cuando los pobladores le pidieron ayuda, dijo que esa no era su tarea. Cuando los periodistas occidentales le preguntaron cómo explicaba él su controvertido proyecto, Martens dijo que se daba cuenta de que había sido a la vez observador y causante de sufrimiento, pero que no podía ser su salvador, porque estaba determinado por instituciones cuyos mecanismos de poder provocaban ese sufrimiento. Admitió que no tenía la intención de fingir que podía ayudar a los pobres por el hecho de denunciar con su cámara la lógica del mercado que está detrás de la venta de las imágenes de la pobreza. Según Martens lo mejor es admitir que el que tiene la cámara siempre va a sacar provecho, porque está inserto en las relaciones de poder que están vinculadas a la producción, distribución y venta de las imágenes. Así como desde siempre los causantes de la violencia apelan a que solo siguieron las órdenes de sus superiores, así también hoy los observadores de la violencia y la pobreza subrayan que solo muestran las cosas tal y como son. Ambos tienen en común que se consideran víctimas de los mecanismos invisibles del poder. Las verdaderas víctimas de la violencia y la pobreza son para ellos meras piezas decorativas, en los afiches publicitarios o en las galerías de arte.

¡TE VOY A EXPRIMIR!

Al volver de mis vacaciones de verano, me puse a revisar el correo y me llamó la atención una carta que al principio pensé en arrojar al papelero, pero luego mis ojos se detuvieron en la frase *squeeze-out*, la venta forzosa de acciones cuya denominación en inglés significa "exprimir" o "eliminar". Luego de leerla a vuelo de pájaro entendí que la carta de tono amenazador se refería a las acciones que tengo en una pequeña empresa adonde fueron a parar por accidente, porque a último momento no sabía qué hacer con el certificado. Ya había recibido avisos algunas veces, y ahora el actual director de la empresa me escribía para decirme que las iba a comprar. Pero cuando agregó que yo debía ir al pueblito donde estaba la sede de la empresa, abrir ahí una cuenta en la casa de valores local, pagar los gastos de la cuenta, los de la venta y no sé ya qué más, olvidé rápidamente la oferta. Como por la disminución de sus ingresos es probable que la empresa cambie su razón social de sociedad anónima a sociedad de responsabilidad limitada, ofrece a los accionistas minoritarios una última oportunidad de vender sus acciones antes de la venta forzosa, el *squeeze-out* al que tienen derecho por ley.

La idea de exprimir despierta sensaciones curiosas. En primer lugar, pensamos en el peligro que nos amenaza. La idea apunta a que alguien empuja afuera a otra persona por la fuerza. Cuando tenemos la sensación de estar amenazados, pronto aparecen también mecanismos de autodefensa. Mi primera reacción ante la amenaza de ser "exprimida" fue rebelarme. Aunque me daban vueltas por la cabeza las sensatas palabras de un conocido que sabe mucho de inversiones, que dice que siempre tenemos que tener en cuenta que la acción no sabe que la tenemos y por eso mismo no tenemos que tener una relación emocional con ella, la frase *squeeze-out* me enfurecía. Esto de que alguien me saque del club —del que a decir verdad no quiero ser socia— o me niegue la propiedad de acciones que de cualquier modo no tienen verdadero valor y con las que no tengo ninguna relación, me alzaba en rebeldía. En lugar de pensar en la venta, comencé a rumiar cómo se desarrollaría ese *squeeze-out,* qué vericuetos legales llevaría aparejados, si comenzaría una pugna entre los accionistas minoritarios y los propietarios, y cosas por el estilo.

Sin duda, el tono amenazador me hizo pensar lo diferente que habría sido mi reacción si la carta hubiera sido escrita de un modo más amable; por ejemplo, si los directivos de la empresa me hubieran agradecido que fuera su accionista desde hacía tanto tiempo, lo cual demostraba mi confianza en la empresa. Y si luego hubieran añadido que en su pequeña ciudad, a causa del cierre de empresas, hay una gran desocupación en los últimos tiempos, y ellos luchan por conservar los puestos de trabajo y la forma de lograrlo es cambiar la razón social de la empresa. Para lograr todo esto, me ruegan que los ayude vendiéndoles mis acciones. La sabiduría popular dice que más se consigue con la zanahoria que con el palo, y una carta amable sin duda haría que nos identificáramos con los padecimientos de los habitantes de la pequeña ciudad sobre la que tanto hemos oído hablar los últimos meses en los medios.

Si somos críticos con la dirección que ha tomado el capitalismo, la palabra "exprimir" nos recordará que esa es exactamente la forma de funcionamiento de muchas empresas hoy en día. Claro que no solo se trata de exprimir a los accionistas, sino también a los trabajadores.

Pero eso tiene otros procedimientos, que van de la reducción de puestos de trabajo para obtener más beneficios y el aumento de la cantidad de trabajo de los empleados que quedan, al *squeeze-out* psicológico y la creación de una cultura del temor y la autocensura.

Al mismo tiempo, en la sociedad contemporánea se ha creado el ideal de un sujeto capaz de llevar a cabo ese *squeeze-out*, capaz de exprimir. El ideal del empresario carismático, exitoso, que tiene la decisión inamovible de alcanzar el éxito y en eso puede poner todo su empeño sin importar las consecuencias que otros padezcan por sus actos. De un jefe así se respeta muy en especial su autoestima, el hecho de que sea capaz de dar un golpe sobre la mesa y decirle con claridad a un accionista minoritario que con su existencia obstaculiza el crecimiento de los ingresos: vende o te voy a exprimir.

Los psicólogos que estudian la influencia del capitalismo postindustrial en la formación de la personalidad y en el comportamiento de las personas, el respeto que estas guardan por las normas sociales y el respeto de las personas entre sí, subrayan que la autoestima es la idea que con más énfasis —y con más contradicciones— han difundido desde los años noventa del siglo pasado. Por ejemplo, en los Estados Unidos se han promulgado desde entonces más de 170 leyes que alientan la formación de una fuerte autoestima y de una imagen positiva de sí mismo en la escuela, por la convicción de que ambas contribuyen al éxito. Pero pronto los investigadores y los promotores de la autoestima descubrieron que los terroristas, los líderes de diversas organizaciones delictivas y los dirigentes extremadamente narcisistas tienen una imagen de sí mismos muy positiva, que a los niños muy jóvenes esta última en general los lleva a experiencias sexuales tempranas, y que los que tienen una autoestima más débil son por lo regular mucho menos violentos que aquellos cuya autoestima es muy alta. Así es como después de un tiempo, uno de los principales promotores de la idea de la imagen positiva de sí mismo y de una fuerte autoestima, Roy Baumeister, comenzó a advertir que más que la autoestima, lo importante para el sujeto es la capacidad de autocontrol, y que es eso justamente lo que se ha vuelto un problema en la sociedad contemporánea.

La autoestima excesiva y la imagen altamente positiva de sí mismo se consideran rasgos de una personalidad narcisista. Los investigadores que indagan si estos rasgos están en aumento en el mundo actual de los negocios dividen sus opiniones entre la idea de que un cierto grado de narcisismo es indispensable para que alguien llegue a ser líder y la idea de que el narcisismo es peligroso, porque muchas veces conduce a la violencia. En los últimos años, el psicólogo Robert Hare —que se ha dedicado por décadas al análisis de psicópatas en las cárceles estadounidenses— subraya que es muy importante investigar la violencia económica que se produce cuando se derrumban grandes empresas por gestos temerarios de los líderes o por especulaciones en Wall Street. Hare subraya que los rasgos psicológicos de estos líderes, que por ambición provocan violencia económica, no se diferencian mucho de los rasgos psicológicos de los sujetos capaces de violencia física que han acabado en la cárcel por crímenes violentos.

Los rasgos que los investigadores del narcisismo destacan en particular son también la capacidad de especulación, la inclinación por los grandes riesgos y la tendencia a los juegos de azar. A la vez, genera temor la manipulación de que son capaces los líderes narcisistas. Ya en los años ochenta del siglo pasado, la psicoanalista estadounidense Ethel Spector Person escribió el ensayo "Manipulativeness in Entrepreneurs and Psychopaths" ["Lo manipulativo en empresarios y psicópatas"], donde analiza el modo en que ambos manipulan a los demás.

En los últimos años se ha promovido la temeridad en todos los niveles. Nike ha convencido a las personas de que nada es imposible; las escuelas de negocios se promocionaban entre los estudiantes con el anuncio: "Para algunos líderes no existen los límites". La idea de que todo es posible, de que cualquiera puede tener éxito siempre y cuando se esfuerce lo suficiente, influye también en la capacidad de las personas para aceptar los errores y el fracaso. Así como en la ideología del éxito el fracaso está prohibido, también está prohibido reconocer los errores. La consigna de la sociedad contemporánea es que el sujeto no reconozca los errores, a toda costa, y si alguien se encuentra en una situación tal que le parece que debería reconocerlos, alguien va a aconsejarle que antes llame a un abogado. Y el abogado en la mayoría de los casos lo va a convencer de que niegue toda culpabilidad.

Estudios médicos han demostrado que a un médico que ha cometido un error le conviene admitirlo cuanto antes y disculparse con el paciente o sus familiares en persona. Si el médico es capaz de hacer eso, lo más probable es que evite la denuncia. Así como entre los médicos es muy poco frecuente admitir un error, es aún menos frecuente que esto ocurra en el mundo de los negocios. Ante el derrumbe de muchas empresas en Eslovenia, no recuerdo que ningún propietario o director se haya disculpado en forma personal con los trabajadores por decisiones comerciales equivocadas. Tampoco recuerdo que ningún propietario o director haya intentado ayudar siquiera en forma mínima y de su propio bolsillo a la gente que quedaba sin trabajo.

En su libro *The Age of Absurdity* [*La era del absurdo*], Michael Foley postula que el problema de la sociedad contemporánea es que le da al sujeto la sensación de que siempre hay algo que le pertenece y a la vez glorifica su potencial. Los programas de televisión que buscan nuevos talentos o crean la ilusión de que todos podemos hacernos millonarios son una evidencia de esa tendencia. La idea de que siempre hay algo que al sujeto le corresponde está ligada a que siempre sea otro el culpable de sus fracasos o dificultades. Con esto salen ganando los abogados, que prometen al sujeto una compensación por cualquier forma de insatisfacción.

Con la insatisfacción que sentimos cuando nos parece que alguien no ha hecho bien alguna cosa o que alguien nos debe algo, muchas veces nos atacamos en el intento de "exprimir" algo de esa persona —dinero, el reconocimiento de un error, respeto, etc.—. Finalmente, con la ira por el absurdo y la injusticia del mundo en que vivimos nos exprimimos cada vez más a nosotros mismos.

AMAR EL LUJO

Al mirar los rostros de los jóvenes que publicó la policía inglesa en Internet en el año 2011, después de los disturbios en Londres, resulta evidente que los saqueos fueron para muchos una fuente de placer al menos temporario; ante estas fotografías, los teóricos que tanto hablan del incremento de la felicidad de la población tienen que admitir que muchas expresiones de los rostros de los jóvenes muestran una satisfacción exaltada; una joven que tiene en las manos unos zapatos parece experimentar un placer muy especial, un joven que corre con un montón de pantalones de jean ríe muy alegre, otro que carga una pila de ropa deportiva parece estar en medio de una diversión excepcional; en general, la violencia grupal siempre conlleva algún placer por transgredir las normas sociales. Ser parte de un grupo disminuye bastante la ansiedad y el sentimiento de culpa y da la ilusión de protección, de seguridad. El sentimiento de exaltación que puede provocar el hecho de formar parte de un acto violento puede advertirse también en muchos rituales sociales que incluyen elementos de violencia. Recordemos solo a modo de ejemplo el lanzamiento de discos en los bailes y rituales griegos de iniciación (desde los bautismos del Triglav[1] hasta las fiestas de los ingresantes universitarios y, en los Estados Unidos, las legendarias y violentas admisiones de los estudiantes a diferentes hermandades).

Hoy la violencia se glorifica como parte del funcionamiento de las corporaciones y de las grandes instituciones financieras. Debemos eliminar a la competencia, aniquilar a los adversarios, perseguir las utilidades a como dé lugar: estas son las constantes del discurso de la gestión empresarial. Los análisis psicológicos del perfil de las personas que con mayor facilidad llegan a la cima en este

---

1. En Eslovenia hay una gran tradición de montaña. El pico más alto de los Alpes Julianos, el Triglav, símbolo nacional y emblema de su bandera, es el derrotero obligado de todos los eslovenos. La primera vez que alguien logra llegar a la cima de 2864 metros recibe su "bautismo", que consiste en unos golpes en el trasero con una vara. [N. de la T.]

mundo han demostrado que para ascender en la jerarquía de las grandes corporaciones son necesarias crueldad, ausencia de sentimiento de culpa y de vergüenza y, sobre todo, indiferencia por los demás. Algún empresario incluso ha explicado que la forma más fácil de terminar con las negociaciones es que cuando los socios alargan demasiado la decisión se caiga un vaso por tierra o suceda algo similar. Ese gesto violento provoca un *shock* entre los presentes, que por lo general da lugar a una decisión más rápida. Paradójicamente, los violentos en las calles londinenses no se comportaron de un modo tan diferente al de quienes fueron objeto de sus robos, excepto por el hecho de que llevaron a cabo la violencia y los saqueos a la vista de todos y porque serán castigados por eso.

Los disturbios londinenses muestran una similitud más entre las clases más altas y más bajas: el amor casi religioso por el lujo. En el momento de los disturbios, un observador casual escuchó una conversación entre unas muchachas que se preparaban para robar en una tienda destrozada. Una muchacha preguntaba a otra si se lanzaban a Boots (una tienda de productos de consumo masivo). La otra le contestó que era mucho mejor ir a The Body Shop (una tienda de productos cosméticos caros). El ejemplo demuestra cuánto ha crecido el deseo por los artículos de lujo aun entre los más pobres, y cuán efectiva ha sido en los últimos años la publicidad de artículos deportivos e indumentaria para jóvenes que se apoya en las ideas de transgresión.

La cadena de indumentaria deportiva JD Sports sufrió grandes daños durante los saqueos a tiendas británicas. Hubo treinta sucursales destrozadas y saqueadas y sufrieron pérdidas por diez millones de libras. Antes de eso, JD Sports había invertido mucho en una campaña publicitaria para posicionarse como una de las marcas más deseadas por los jóvenes británicos. Obtuvieron un éxito excepcional cuando comenzaron a difundir las imágenes de los llamados *gangster chic* y *danger wear*. Luego de los disturbios de Londres, la célebre firma de jeans Levi's retiró una publicidad que exhibe la espalda de un joven combativo, vestido con jeans Levi's, que va hacia un gran grupo de policías que parecen preparados para el ataque. El lema que acompañaba la imagen era: Go forth! ("¡Avanza!"). Los creativos sin duda no esperaban en lo más mínimo que su lanzamiento coincidiera nada menos que con los disturbios de Londres. Con toda probabilidad intentaban apelar a la vieja imagen que asocia a quien usa Levi's con el rebelde, con quien va más allá de las normas establecidas.

Adidas tuvo un problema similar con uno de sus grandes éxitos de *marketing*: la marca es conocida por la inclusión en sus publicidades de raperos con antecedentes delictivos. En el momento de los disturbios de Londres, muchos jóvenes saquearon tiendas vestidos de pies a cabeza con prendas Adidas, y se comportaban como *gangsters* de moda de las antiguas publicidades de la marca.

Lo que percibimos como artículo de lujo ha ido cambiando a través de la historia, pero el lujo ha estado siempre asociado de alguna manera a la transgresión. En efecto, el lujo debe ser inasequible, caro, prohibido o de algún modo fuera de nuestro alcance de manera que lo deseemos mucho, y sobre todo es imprescindible que lo deseen otras personas. James Twitchell, investigador de la historia del lujo, subraya que los primeros objetos públicos de lujo fueron las reliquias eclesiásticas. En la Edad

Media, cuando las iglesias estaban atestadas de preciadas reliquias, en lugar de formarse un mercado que permitiera a las iglesias comprar los objetos deseados, los poderosos eclesiásticos, que deseaban reliquias que otras iglesias tenían, preferían lanzarse al robo. Incluso más tarde el lujo estuvo muy asociado al robo. La historia de las guerras es al mismo tiempo la historia de los robos de botines que los atacantes consideraban elementos de lujo.

La idea de lujo ha cambiado en forma drástica en las últimas décadas. Antes, el lujo estaba asociado a objetos de buena calidad, duraderos, bien confeccionados; con la producción de gran escala ocurre que cada vez más se vende solo la marca; los objetos a los cuales estas marcas están asociadas cambian y se desechan con rapidez. Un cambio importante ocurrió cuando, por un lado, las marcas se asociaron al estilo de vida y, por el otro, el lujo de algún modo se democratizó. Antes existía una jerarquía: primero los ricos comenzaban a adorar determinados artículos de lujo, luego la clase media los seguía, después la más baja. Un importante cambio ocurrió cuando las grandes marcas comenzaron a producir una serie de artículos más baratos, accesibles para las clases más bajas. Si uno no puede permitirse un vestido de Prada, siempre puede comprarse un llavero o un monedero de esa marca, y luego paulatinamente otros objetos baratos, y así construye a conciencia la imagen de alguien que sabe qué es el lujo.

En ocasión de los disturbios de Londres, muchos se preguntaron cómo era posible que los jóvenes pobres hubieran sido pasivos durante tanto tiempo, cuando están siempre bombardeados con nuevos y atractivos productos, cuando los medios los interpelan como sujetos que pueden obtener todo lo que quieran en la vida. Si hemos notado que la mayoría de los jóvenes que participaron en los disturbios de Londres son del todo pesimistas con respecto a su futuro, y que muchos no tienen expectativas de vivir más allá de los veinticinco años, vemos bajo otra luz el nihilismo y la autodestrucción que formaron parte de los incidentes de Londres. Resulta paradójico que hoy, por un lado, el capitalismo difunda un ilimitado crecimiento de los ingresos y un consumo sin barreras, y por el otro, exija una limitación excepcional de los deseos de consumo por parte de quienes no tienen nada. Un ejemplo de esa autolimitación que al final promete proporcionar un beneficio mayor es el consejo que intercambian las muchachas pobres que en los complejos turísticos de Montenegro tratan de entablar una amistad duradera con algún empresario financiero.

La muchacha, que ha pasado el día divirtiendo al pez gordo y luego quizá ha pasado la noche con él, espera recibir al otro día un regalo de su ricachón, a menudo bajo la forma de una suma de dinero, con la sugerencia de que se compre algo bonito. El consejo que se dan entre sí las muchachas de Montenegro es que, si no quieren volver a ver al hombre, tan solo se pongan el dinero en el bolsillo y desaparezcan. Pero si esperan tener con él algo más duradero, tomen el dinero, compren con él un costoso reloj de hombre y se lo lleven de vuelta al amante. Por lo general este ya tiene toda una colección de relojes de lujo, pero el hecho de que la muchacha no haya gastado el dinero en ella sino en él parece ser un signo de que ella no solo está tras su dinero. La muchacha debe entonces atravesar el dolor de renunciar al placer que le proporcionaría la compra de un artículo de lujo para ella, montar el número de la amante devota que le hace un regalo a alguien que no necesita en lo más mínimo un objeto de lujo más, y así mantener la ilusión de que la relación no es una cuestión de dinero para poder pasar un tiempo más largo con el ricachón.

Un gesto interesante por parte de la juventud londinense después de las protestas hubiera sido devolver las pilas de ropa deportiva, de jeans y calzado como nuevas ofrendas religiosas ante las tiendas de las marcas célebres, filmar la procesión y regalar el film a las corporaciones para sus nuevas campañas de *marketing*.

Nuevos síntomas psicológicos

¿ADÓNDE VAMOS CON TANTO APURO?

EN LA ACTUALIDAD, CUANDO la gente se encuentra y se saluda con un amable "cómo estás", recibe una respuesta casi universal: muy ocupado o ya no tengo tiempo para nada. Si uno no está muy ocupado significa que no es exitoso y que no hace nada inteligente con su tiempo. Hasta los más ricos, que podrían estar todo el día tendidos en cálidas playas, tienen que estar muy ocupados. Tienen que llenar todo el tiempo con actividades, con viajes a lugares lejanos y por supuesto con compras. Hoy tenemos que hacer varias cosas a la vez: cuando nos encontramos con los amigos tenemos que ver a tantos como sea posible al mismo tiempo; tenemos que hacer deporte juntos o ir de compras para no perder el tiempo solo en conversar. Cuando estamos con niños, tenemos que hablar con ellos en otras lenguas, hacer algo de ejercicio o enseñarles música clásica, para que nuestro tiempo con ellos sea un tiempo útil. La velocidad es muy importante incluso en los encuentros románticos. Hoy es costumbre no solo el cambio rápido de pareja, sino también la búsqueda de una nueva. Por eso en Occidente tiene gran éxito el llamado *speed dating*, en el que la gente no emplea más de tres minutos para conocer a su potencial pareja. Pero si a alguien le cuesta sacrificar aun este corto tiempo, la solución es hacer más cosas a la vez. La empresa francoinglesa L'atelier des Chefs ha comprendido esta necesidad de velocidad y ha comenzado a organizar encuentros de solteros durante el almuerzo: primero aprenden juntos a preparar un plato, luego se lo comen rápidamente y salen de vuelta al trabajo a toda velocidad. Todo el evento no toma más de una hora.

¿Adónde vamos entonces tan de prisa? Recuerdo el caso de un conocido que decidió enviar a su hijo a la escuela un año antes de lo usual en su país de origen. Otro conocido le preguntó entonces por qué tanta prisa. Su cínica respuesta fue que la temprana escolarización probablemente le permitiría una temprana jubilación. Este comentario ilustra el hecho de que la velocidad está siempre muy vinculada con la mortalidad. Muchas veces vamos de prisa para huir de la muerte, pero en realidad sucede exactamente lo contrario, la velocidad nos acerca a la muerte. Hasta el simple entrenamiento deportivo de correr puede estar vinculado con la muerte: por un lado, entrenamos duro para vivir más años, por el otro, estos entrenamientos pueden llegar a ser tan estresantes para el cuerpo que en realidad nos acercan a la muerte.

En la sociedad contemporánea, la relación con el tiempo y la velocidad está cambiando. También podemos observar una relación distinta con la mortalidad. Cada vez parece más evidente que corremos en el lugar y que no vamos de prisa para llegar a algún otro sitio, para hacer algún cambio, para conocer nuevos alcances de la vida, sino sobre todo para mantener lo que está aquí y ahora. La sociedad contemporánea se esfuerza mucho por alargar la vida, por derribar las barreras generacionales y por prolongar la juventud. En el deseo de alargar la vida también podemos observar la negación del correr del tiempo.

Cada cultura entiende el tiempo y la velocidad a su manera. No solo cambia la forma en que entendemos la velocidad del tiempo, cambia también nuestra percepción temporal del comienzo, la duración del tiempo, la relación entre el pasado, el presente y el futuro, y sobre todo el significado simbólico del tiempo. En el comunismo, la idea del tiempo estaba vinculada a la posibilidad de un nuevo comienzo y al borramiento de lo que existía antes. Hay un viejo chiste rumano que ilustra bien esta idea: "¿Qué se celebró el 8 de mayo de 1821?". La respuesta es: "El centenario de la futura fundación del Partido Comunista de Rumania". El tiempo anterior a la revolución era entonces entendido solo como tiempo de espera para la llegada de la revolución.

De modo que en el socialismo el futuro era entendido como espera. La sociedad sin clases era el objetivo hacia el cual se tendía. Pero la espera del futuro no se entendía como una suerte de ociosa inactividad sino como construcción. El discurso comunista tomaba muchas palabras de la construcción: la gente construía el futuro, las acciones trabajadoras daban forma a algo nuevo, ladrillo sobre ladrillo. Hasta el amor se entendía como una ambición de futuro. De ello da cuenta la novela *La espera*, del escritor chino Ha Jin, que describe a un médico que espera dieciocho años para poder separarse de su mujer y así finalmente consumar la relación amorosa con su compañera de trabajo. Al final descubre que la esencia de todo su deseo era el hecho mismo de estar esperando.

En la sociedad contemporánea ya no se trata de esperar. La vida compele a la velocidad y a disfrutar de lo que está aquí y ahora. No sorprende que sean tan populares las ideologías *new age,* que hablan de vivir el momento, de disfrutar de todo lo que se nos ofrece hoy y no de apuntar al placer de algún momento futuro.

El tiempo también se reformula en el capitalismo: parece que no hay límite, como si no hubiera ni principio ni fin. La ideología comunista concibe el tiempo como un nuevo comienzo, el capitalismo sostiene la idea de que este sistema siempre ha existido y existirá en el futuro. Ilustra el sentido de lo anterior la tesis de Fukuyama sobre el fin de la historia: una vez terminadas las ideas del comunismo, la organización liberal y democrática de la sociedad que conocemos en el capitalismo desarrollado quedará como la única forma posible de organización social que podremos imaginar en el futuro. Pero también el pasado se entiende como carente de historia. Después de la caída del régimen, muchas sociedades postsocialistas comenzaron a reescribir la historia pasada y décadas de socialismo fueron entendidas como un corto período de errores en el desarrollo del capitalismo.

Hoy el futuro también se entiende solo como continuación de lo que hay. La crisis financiera no nos ha dado la posibilidad de reflexionar sobre un futuro nuevo, sino solo sobre la enmienda de pequeños errores del sistema existente. Incluso en la vida privada hoy entendemos el dinero como algo que hay que gastar de inmediato o aun antes de ganarlo, sin reflexionar sobre el futuro. Del mismo modo, en el amor queremos obtener tanta satisfacción como sea posible hoy, y no esperar para el placer en un tiempo futuro.

A principios de los años setenta, el psicoanalista francés Jacques Lacan hizo un pronóstico muy pesimista acerca de lo que podría ocurrir con una sociedad que se acelerara tanto y con un sujeto que cada vez trabajara más para poder luego consumir cada vez más. La tesis de Lacan era que el capitalismo eleva al proletario al nivel de consumidor libre, y este último no solo comienza a consumir cada vez más bienes, sino que antes o después comienza a consumirse a sí mismo. Prueba de esto es la adicción al trabajo, la dependencia de las drogas y el alcohol y también los nuevos síntomas como la anorexia, la bulimia y otras formas de autodestrucción. Sin duda, a esto podemos añadir la depresión y sobre todo los diversos trastornos de falta de atención y de hiperactividad. En su libro *Time: Big Ideas, Small Books* [*El tiempo: Grandes ideas, pequeños libros*], Eva Hoffman hace una interesante advertencia: hoy es un gran problema sostener la atención hacia otra persona, y en particular para los niños es muy difícil obtener ese grado de atención de los padres. No sorprende entonces que hoy estos trastornos estén tan extendidos.

En una de sus columnas en *The Guardian*, Charlie Brooker describe sus dificultades de atención cotidianas. En efecto, compra nuevos libros y películas sin parar y no logra leerlos o mirarlas. En ese artículo hay más de cien comentarios de lectores y uno tras otro describen frustraciones parecidas. A menudo ocurre que las personas comienzan a mirar una película interesante en DVD y recuerdan que les gustaría contárselo a sus amigos en Facebook. Mientras miran la película se comunican un poco por Internet, pronto hay que revisar el correo, saludar a los amigos en Twitter y mandar algún sms. Por supuesto olvidan la película, aunque al principio la estaban disfrutando.

La velocidad de la vida actual ha cambiado mucho las relaciones entre las personas. Aunque nos comunicamos con mucha gente, estas relaciones son a menudo bastante superficiales y rápidamente pasajeras. La cultura del cambio se revela también en el deseo de estar cerca unos de otros. En los últimos años, para Año Nuevo es usual que nos enviemos saludos por sms y menos usual hacernos visitas o llamarnos por teléfono.

Pero, de todos modos, no queremos estar del todo solos en nuestra prisa. Hasta los niños que juegan a perseguirse sienten placer en que al final los atrapen. O, si juegan a las escondidas, esperan que al final los descubran. Si quien tiene que buscar al que se esconde no se esfuerza bastante, el placer del niño es mucho menor. Siente que no le han dedicado la suficiente atención.

Entonces, cuando vamos de prisa, esperamos que alguien perciba nuestra prisa. Muchas veces sentimos placer en provocar así una sensación de estrés y de angustia en nosotros mismos y en los otros. En las autopistas eslovenas se ha formado un ritual particular, muy asociado a la incitación a la ira y a la angustia. Pongamos por caso que un conductor pasa a una hilera de camiones a la velocidad máxima permitida y que tras él aparece un conductor impaciente, le enciende las luces largas y lo sigue muy de cerca. Esa situación provoca en los dos conductores sentimientos de ira y de angustia. Aunque es probable que los dos conductores jamás se encuentren (a menos que choquen), están de pronto muy próximos entre sí. Esta proximidad hace que la angustia sea tanto mayor, y aunque racionalmente los conductores desean alejarse, en este momento de angustia están condenados a la unión. Es probable que la velocidad del segundo conductor estuviera relacionada con el deseo de alejarse de los otros, de pasarlos y seguir adelante. Pero a pesar del deseo, este conductor debe seguir encontrándose con los otros, enojarse con ellos y provocar su angustia. Paradójicamente, esta misma angustia que se provoca a sí mismo y a los otros le da un placer particular. Para que su velocidad le dé esa especial satisfacción, los demás deben reconocerla. Si no hay límite (límite de velocidad) que pueda sobrepasar, y si no hay otros que observen su velocidad, el placer de la transgresión, de la angustia y la ira que se produce es mucho menor. Aquí también la muerte es un actor importante. La velocidad tiene un significado singular justamente porque con ella comprobamos una y otra vez el límite entre la vida y la muerte.

Para Sigmund Freud la angustia siempre está asociada a la muerte. Entre las angustias que experimentamos en nuestra vida cotidiana, la más terrible es la que se asocia a la pérdida de la vida. Es justamente por lo traumático de la muerte que desafiamos los límites sin cesar y buscamos situaciones para acercarnos a ella, y luego encontramos una especial satisfacción en huir de ella. No hay placer para el sujeto si no existe límite que intente sobrepasar. Esperamos que no nos alcance, pero de cualquier forma probamos sin cesar qué tan lejos podemos llegar. Y sobre todo esperamos que al hacerlo los otros nos estén observando. Y como la atención de los otros es hoy tan difícil de obtener, tenemos que ingeniárnoslas para encontrar siempre nuevas transgresiones.

¿PÍLDORAS PARA LA SOLEDAD?

Una aplicada maestra se devanaba los sesos intentando ayudar a una alumna desorganizada, que constantemente olvidaba hacer su tarea, y recordó que poco tiempo antes un psicólogo les había explicado los síntomas del autismo, la disminución de atención y otros trastornos que pueden padecer los niños. Cuando advirtió a los padres sobre la posibilidad de que su hija padeciera alguno de estos trastornos, estos comenzaron de inmediato a buscar ayuda médica para la niña. Por suerte dieron con un psicólogo que advirtió con rapidez que los olvidos de la nena estaban vinculados a su resistencia a la escuela y no a algún tipo de trastorno psicológico. Podemos imaginar que el final habría sido muy distinto si el especialista hubiera decidido prescribir medicamentos para el trastorno de atención y hubiera atribuido a la niña algún síntoma que exigiera ayuda terapéutica.

En los círculos psicoterapéuticos, los debates sobre nuevos síntomas psicológicos a menudo comienzan cuando se prepara una nueva edición aumentada de la así llamada "biblia de la psiquiatría": el *Diagnostic and Statistical Manual of Mental Disorders* (DSM) que publica la American Psychiatric Association (APA). La primera edición, publicada en 1952, tenía 129 páginas y describía algunos síntomas básicos. Para el año 1980, el libro había crecido a novecientas páginas y la cantidad de síntomas de las diversas enfermedades mentales había aumentado considerablemente. En la última edición se consignan también síntomas potenciales. Así, podría tenerse una psicosis potencial, la imposibilidad de dominar el propio temperamento, ataques de ira infantil, potencial depresión o angustia y así siguiendo. Los críticos del aumento incesante del elenco de síntomas advierten que el comportamiento ha empezado a entenderse como algo que caracterizamos de inmediato con una categoría clínica sin antes ver cuáles son sus causas. Quien se queda sentado en un rincón en la escuela y no juega con sus compañeros de curso recibirá de inmediato un diagnóstico de fobia social, sin que nadie profundice en las causas de su comportamiento. De este modo, todo comportamiento puede entenderse como potencialmente patológico (la mayoría de las personas podría llegar a caer en una depresión alguna vez, o desarrollar angustia, etc., en especial cuando atraviesa experiencias difíciles en la vida), y a la vez, el diagnóstico no demora en llevar a nuevas formas de exclusión. La persona que ha sido diagnosticada con un síntoma determinado, si bien puede sacar provecho de ello en el caso de que en su lugar de trabajo o en la escuela le proporcionen ayuda, puede al contrario encontrar también más dificultades para conseguir empleo y confinarse al aislamiento social.

Y es ese aislamiento social una de las "enfermedades" más graves de nuestro tiempo. La soledad es hoy percibida como uno de los problemas clave del ser humano contemporáneo, que deteriora en forma radical su salud psíquica y física. Diversas investigaciones médicas han demostrado que las personas solas tienen muchas más probabilidades de padecer enfermedades cardiovasculares, que la recuperación postoperatoria les toma más tiempo y que están más expuestas a problemas psicológicos en su conjunto y muchas veces buscan sosiego en distintas formas de dependencia. Sobre la base de muchas investigaciones sobre la gran cantidad de personas solas (¡y los costos que esto significa para el sistema de salud!), las organizaciones que se ocupan de paliar los problemas psíquicos de los británicos idearon un conjunto de directivas para que el Estado, las comunidades locales y los sujetos puedan combatir la soledad. Consejos diarios alientan la interacción entre las personas, el reconocimiento de signos de soledad entre vecinos y la formación de grupos de autoayuda que reúnan a las personas solas y les faciliten nuevas formas de reunión. Estos consejos suenan interesantes, pero el problema es que piensan la soledad como síntoma que puede curarse con medidas rápidas. Puesto que sabemos que la formación de una relación de amistad verdadera demora al menos dos años de compartir tiempo juntos, y que la elección de las personas con quienes nos vinculamos está muchas veces asociada a nuestras formas de comunicación inconsciente, el programa del Estado para combatir la soledad está más o menos condenado al fracaso. Las personas que se parecen muchas veces consiguen encontrarse, pero ¿cómo esperar que se encuentren las personas solitarias si son parecidas justamente en el hecho de que prefieren encerrarse entre cuatro paredes?

Los cambios en la forma de entender la vida psíquica de las personas ocurren también en los estudios sobre la felicidad. Hace más de una década que venimos escuchando teorías sobre lo que nos hace felices, sobre cómo obtener mayor felicidad y cómo conservarla si ya la hemos encontrado, pero ahora hay nuevos estudios orientados a afirmar lo conveniente del sentimiento de falta de felicidad. Los investigadores de la felicidad han descubierto que el malestar que sentimos cuando estamos insatisfechos y no somos felices es muchas veces el motor de nuestra creatividad. Los grandes escritores, los inventores y demás no saltaban de alegría en absoluto, sino que creaban como respuesta a su sentimiento de insatisfacción.

Algo similar ocurre con el tedio. Los padres nos sentimos mal cuando un hijo nos dice que se aburre. Con el deseo de conformarlo tanto como sea posible y de hacerlo feliz, estamos bajo la presión de que se nos ocurra rápidamente una actividad que lo divierta y ahuyente su penoso aburrimiento. Los investigadores que se ocupan de este problema en profundidad dicen que el tedio es clave para el desarrollo de la creatividad del niño y que los padres deben darle tiempo para que él mismo encuentre la forma de ahuyentarlo.

Los australianos han abordado el problema de lo que hace feliz a cada uno a través de una investigación del National Ageing Research Institute, que intenta averiguar cuánto aumenta el sentimiento de felicidad de una persona por el hecho de gastar dinero en comparación con el sentimiento de satisfacción que le proporciona la vida matrimonial. El profesor DeLeire llegó a la conclusión de que alguien soltero que tiene la posibilidad de gastar 20.000 dólares al año en placeres alcanza un nivel de satisfacción personal similar al de alguien que está felizmente casado. Lo importante es que el dinero se gaste en pasatiempos —es decir, en viajes, eventos— y no en bienes materiales. Quienes gastan dinero en actividades de entretenimiento sufren, en efecto, mucho menos por su soledad y están mucho más satisfechos con sus vidas que quienes lo gastan en bienes materiales. El resultado de la investigación es entonces que el dinero contribuye en forma clave para tener una vida satisfactoria y que así se supera la soledad y sus enfermedades asociadas.

Este tipo de investigaciones han preocupado mucho a las empresas de *marketing*, que intentan averiguar la naturaleza del consumo en la sociedad contemporánea.

Los investigadores han advertido que los consumidores emplean cada vez más dinero en disfrutar de ciertas actividades (excursiones, salidas a espectáculos, asistencia a cursos) y menos en bienes materiales. En el largo plazo, a los consumidores les resulta preferible emplear la misma suma con la que comprarían un nuevo sofá en salir de viaje. Los buenos recuerdos de la experiencia parecen ser más valiosos que la posesión de onerosos bienes de consumo. Los investigadores del consumo escriben hoy artículos con el título: "Si el dinero no puede comprar la felicidad, puede que no lo esté gastando bien". Los estadounidenses incluso hablan de un renacimiento de emociones asociadas a la crisis económica. Además de las pérdidas económicas, la gente teme mucho perder a la familia, el amor, los vínculos con otras personas.

El problema radica también en que junto con las dificultades con el dinero cambian por completo las relaciones entre las personas, en especial las relaciones familiares; la pobreza influye mucho en las parejas, en los amigos y demás. Con los problemas económicos aumenta en forma considerable la violencia familiar. ¿Qué ocurre con las personas que están en aprietos económicos constantes porque no pueden permitirse los bienes básicos o porque se han endeudado mucho y no alcanzan a pagar sus deudas? En ambos casos, los investigadores han advertido un aumento evidente de la violencia intrafamiliar y en especial de la violencia contra las mujeres. Resulta paradójico que, en situaciones en que la familia está bajo estrés por causa del dinero, no haya diferencia entre el nivel de violencia que padecen las mujeres de familias pobres o de familias ricas. Por ejemplo, la oficina australiana que se ocupa de las estadísticas de violencia contra las mujeres ha descubierto que si la familia no tiene grandes problemas de dinero y si no hay miembros con dependencia del alcohol o las drogas, el riesgo de que la mujer sufra violencia en casa es de alrededor del 4%. Si la familia comienza a decaer bajo el estrés económico, este riesgo aumenta al 14%.

Ante la crisis económica en aumento y la lista cada vez más larga de síntomas psicológicos que inventan los psiquiatras estadounidenses, podemos esperar que pronto inventen también síntomas de pobreza potencial y de violencia familiar potencial. Si sumamos a esto el deseo de la industria farmacéutica de que para cada nuevo síntoma se descubra una píldora que aspire a curarlo, entonces podemos esperar que pronto haya una píldora para la pobreza y una píldora para la soledad.

PASIÓN POR LA IGNORANCIA

Mirarse al espejo no es algo tan simple que digamos. Es bien conocido el mito griego de Narciso, que tanto miraba el reflejo de su propio rostro que encontró su fin en él. Además del enamoramiento de la propia imagen en el espejo, hay muchos ejemplos de la imposibilidad de mirar el propio reflejo. Para muchas personas, la imagen que ven en el espejo resulta aterradora. Quienes padecen de anorexia, por ejemplo, se ven muy gordos, aunque en verdad sus cuerpos son piel y huesos.

El psicoanalista japonés Daisuke Fukuda ha advertido sobre la extraña relación que tienen algunas chicas japonesas con el espejo en tiempos en que su sociedad ha sido abrumada con la imagen de un cuerpo ideal. Una estudiante buscó la ayuda del psicoanalista porque intentaba romper todo espejo que tuviera a su alcance. La pena que le causaba verse al espejo era tan grande que no solo evitaba enfrentarse a él, sino que intentaba hacerlo desaparecer violentamente. La aparición de síntomas tan penosos está asociada a los cambios que han ocurrido en Japón con el gran crecimiento de la industria de la belleza en los últimos años. En muchos lugares públicos las chicas están acosadas por publicaciones gratuitas que ofrecen un cambio total de su apariencia. Estas publicaciones son como las revistas de modas comunes y corrientes, solo que no contienen publicidades de vestimenta o cosméticos sino de cirugías plásticas. La muchacha decide sobre su apariencia como si comprara cualquier otro bien de consumo. Puede elegir la forma de su rostro, ver el precio del procedimiento y muchas veces obtener descuentos, ofertas y demás. Hasta hace poco tiempo, era un rasgo de la cultura japonesa la aceptación de la apariencia externa propia, aun cuando no se estuviera muy satisfecho con ella; ahora la apariencia es algo que elegimos con toda facilidad, algo que podemos comprar.

No podemos vincular la aparición de nuevos síntomas psicológicos solo con el cambio de ideología, por eso no podemos inferir que la mayoría de las muchachas japonesas en la actualidad rompa los espejos. La que lo hace tiene una serie de conflictos internos muy personales. Y esos problemas se articulan de modo particular de acuerdo con la influencia de la ideología dominante. Freud ha subrayado que la enfermedad de la civilización y la enfermedad del sujeto van de la mano, de modo que la civilización influye en los tipos de padecimientos psicológicos que aparecen en las personas y, del mismo modo, ellas influyen en la civilización como tal.

En la primera infancia, el reconocimiento del niño en el espejo ocurre en relación con sus seres más próximos. Cuando el bebé atraviesa el estadio en que es capaz de reconocerse en el espejo, es clave que sus seres más próximos le sugieran ese reconocimiento, es decir, que le digan que la imagen que está viendo en el espejo es él mismo. Sin embargo, también nuestros seres más próximos, las autoridades a quienes creemos y, por supuesto, la sociedad en su conjunto empiezan a funcionar más tarde como espejo en el cual queremos vernos bajo la mejor luz. Cuando ocurren cambios radicales en la sociedad, el papel del espejo cambia. Por ejemplo, cuando dejamos de creer en la autoridad, nos da lo mismo qué piense la autoridad de nosotros; cuando disminuye la cohesión social y la sociedad se vuelve más individualista, sin duda nos da igual cómo influya nuestro comportamiento en los demás.

Es paradójico que esta ignorancia hacia los demás y hacia la sociedad en general se haya vuelto hoy en día una forma de ignorancia de nosotros mismos. El narcisismo contemporáneo es a menudo muy autodestructivo.

No se trata tan solo de que en una sociedad muy individualista las personas se ocupen solo de sí mismas sin concesiones, sino también de que, paradójicamente, en el aluvión de información acerca de cómo armar la vida, qué evitar para vivir más tiempo y demás, muchas veces se deciden por ignorar por completo esta información.

Volviendo al ejemplo de Japón, podemos observar este narcisismo autodestructivo en la relación de un grupo numeroso de habitantes con la catástrofe de Fukushima. Ante el accidente, hubo una diferencia ostensible entre los japoneses que temían los efectos de la radiación y los que se comportaron como si no hubiera ocurrido nada. Estos últimos no escuchaban en absoluto los informes, no leían los periódicos y aun si lo hacían no tocaban la información sobre los peligros de la radiación. Esta ignorancia de la catástrofe no ocurrió en zonas rurales no desarrolladas sino en las grandes ciudades. Tokio parecía dividida en dos grupos de gente completamente diferenciados que viven uno junto al otro, pero se comportan como si estuvieran en planetas distintos. Los que ignoraban por completo la información sobre Fukushima vivían como si nada ocurriera. No les importaba comprar en las tiendas verduras en las que se exhibía su proveniencia: cerca de los reactores nucleares destruidos. Los que se daban cuenta de que la contaminación tenía enormes consecuencias a largo plazo y de que la sociedad iba a enfrentarse durante décadas con la contaminación radiactiva andaban por la ciudad con máscaras de protección, leían meticulosamente la información sobre la proveniencia de la verdura y trataban de protegerse en general. Muchos de ellos pensaban también en mudarse a otro país.

Entre ambos grupos de personas no había diferencias sustanciales en el nivel de estudios. En el grupo de los que se comportaban como si nada hubiera ocurrido había muchos jóvenes, personas con educación superior que suelen pasar mucho tiempo frente a la computadora y tienen toda la información a su alcance. Ante su persistencia en la ignorancia vale pensar en la conocida máxima de Lacan: las personas no tienen pasión por el conocimiento sino por el desconocimiento, es decir, por la ignorancia. Más que la pasión por el saber, nos guía la pasión por la ignorancia, por cerrar los ojos y por desconocer los hechos.

Al mismo tiempo, hay que distinguir entre ignorancia y represión. Cuando algo nos resulta muy traumático, a menudo apelamos a la represión e intentamos así poner distancia de aquello que es para nosotros demasiado doloroso o atemorizante. Con la ignorancia se trata de negar lo que nos resulta traumático. La persona se comporta como si lo traumático no la afectara. Puede tener toda la información acerca del peligro, pero hará de cuenta que a ella nada puede sucederle. De modo que en la ignorancia está en juego la sensación ilusoria de poder absoluto.

La pasión por la ignorancia aparece hoy en numerosos órdenes. Ante la crisis económica, la mayoría de los países se comporta como si se tratara de un mal sueño del que vamos a despertar tarde o temprano y todo volverá a estar bien como antes. La misma relación tenemos con los problemas ecológicos, como si en realidad no hubiera nada que cambiar.

Después de la catástrofe de Fukushima, el diplomático japonés Ogura Kazuo afirmó que la forma en que los países del resto del mundo se habían hecho eco del terremoto japonés, del tsunami y de la catástrofe nuclear es el reflejo de cómo esos países se ven a sí mismos. En ese momento, Europa se volvió sobre todo de sí misma. La mayoría de los países europeos temía que la catástrofe nuclear pudiera ocurrirles también a ellos y que la crisis japonesa afectara sus economías. Los Estados Unidos cuestionaron la libertad de prensa de Japón y pusieron en duda que la gente tuviera suficiente información. Solo los vecinos de Corea del Sur y de China mostraron ante todo una preocupación sincera por lo que estaba ocurriendo a la población japonesa, y solo más adelante comenzaron a ocuparse de la información técnica sobre los reactores. El hecho de que los países vecinos mostraran una empatía más personal está sin duda ligado a que veían la catástrofe como algo que podía afectarlos de un modo mucho más directo, mientras los más alejados pasaron rápidamente a la negación de que algo así pudiera pasarles también a ellos.

Hoy resulta que el sujeto puede elegir el espejo en el que más se gusta. Esta lógica de la elección ha sido muy bien abordada por el artista inglés Anish Kapoor[2], quien ha jugado en sus exposiciones en Londres justamente con los espejos. Los visitantes a sus exposiciones en la Royal Academy podían contemplarse en espejos que los agrandaban, los achicaban, los volvían cabeza abajo y demás. En una exposición posterior de Kapoor en Hyde Park, se podían ver enormes espejos que transformaban la realidad de lo que vemos en la naturaleza. En un espejo rojo, el lago nos parece algo totalmente diferente que fuera de él, y un gran espejo convexo o cóncavo transforma la imagen de los edificios que de otro modo son para nosotros algo fijo.

Cuando mi hijo era bastante pequeño, me sorprendió preguntándome por qué las personas ven a los demás mejor que a sí mismos. Cuando intenté convencerlo de que podía verse bien si se miraba al espejo, no estuvo de acuerdo en absoluto, sino que llegó a la conclusión de que tal vez podía ver mejor en su interior si cerraba los ojos. Como por la organización de la sociedad en la que queremos vivir nos comportamos como si pudiéramos elegir los espejos donde mirarnos o como si pudiéramos romperlos si la imagen no nos gusta, la conclusión de mi hijo tal vez no es una idea para nada mala. El ciego que guía a otro ciego no tiene por qué hacerlo peor que el guía que no quiere saber nada en absoluto.

2. *Surge*, una exposición retrospectiva del artista, curada por Marcello Dantas, que incluyó algunas de las obras mencionadas, fue exhibida en Buenos Aires en la Fundación Proa en 2019. [N. de la T.]

LA COMIDA COMO OBJETO FÓBICO

Los psicoanalistas se enfrentan todos los días con diferentes variantes de síntomas que revelan una gran inclinación por la autodestrucción o incluso por la autoaniquilación. Además de las formas clásicas de la anorexia, la bulimia, la autoflagelación y diversos problemas de dependencia, hoy observamos también síntomas de agotamiento o *burnout*, de adicción laboral o *workaholism* y similares. Además, se incrementan cada vez más los problemas de alimentación de las personas. Cada vez más a menudo consideramos las sustancias que ingerimos como algo que provoca intolerancia o dependencia.

No recuerdo que en mi juventud los legos hablaran de intolerancia al gluten. Hoy en cambio casi no hay tienda que no ofrezca grandes cantidades de alimentos sin gluten. La cantidad de tiendas ha aumentado tanto que en los Estados Unidos el ingreso por ventas de alimentos sin gluten en el año 2016 ascendió a quince mil millones de dólares. Claro que los médicos que se ocupan de los problemas de intolerancias o alergias a los alimentos admiten que el número de personas afectadas por el gluten es menor. Pero muchos de los que evitan el gluten han llegado al diagnóstico por sí mismos, a partir de la lectura de artículos en los medios o por la recomendación de distintos facilitadores de terapias alternativas.

La paradoja de la sociedad contemporánea es que el cuerpo humano funciona como una de las últimas cosas sobre las cuales la clase media podría tener el control. Dejemos de lado por un momento la parte pobre de la población, que debe ocuparse de cómo alimentarse, y la parte rica de la población, que debe pasar hambre por su deseo de delgadez. Con la cuestión de la alimentación se abruma sobre todo la clase media. La gente que tiene suficientes ingresos como para cubrir las necesidades básicas alimentarias puede permitirse abordar su alimentación con información experta.

Y justamente en la alimentación nos enfrentamos cada vez más con una forma específica de la ideología de la elección. En mis primeras visitas a los Estados Unidos siempre me sorprendía el poder que tenía el cliente en la elección de la mesa en los restaurantes. En mi país estaba acostumbrada a sentarme en la mesa que me indicaba el mozo. Cuando entrábamos con amigos estadounidenses a un restaurante, comenzaba un debate apasionado en torno a la elección de la mesa. Muchas veces, cuando ya nos habíamos sentado, pedíamos otra mesa, más cómoda, menos ruidosa, etc. Hasta el día de hoy la salida a un restaurante sigue girando en torno a qué mesa es la más acogedora, pero la charla con el mozo pasa rápidamente al intercambio experto sobre el contenido de los alimentos. En los mejores restaurantes es muy similar, como si se tratara de la información que aparece en los envases de los medicamentos. Bueno, aunque falta la descripción de los efectos secundarios que podría traer aparejado el acto de comer esa comida, y por supuesto no hemos llegado al punto de tener que firmar un consentimiento informado para aceptar que somos conscientes de todos los peligros del plato que vamos a comer.

En el nivel de la sociedad, es cada vez más complicado saber a quién podemos confiar el control de los alimentos en el mercado. Muchos países desarrollados, por ejemplo, disminuyen en forma sistemática los presupuestos de las agencias estatales que se ocupan del control de alimentos. Y las grandes corporaciones inducen a error sobre el contenido de determinados alimentos. Uno de los engaños más impactantes es que consignen en el producto que se trata de algo natural. La etiqueta no significa en absoluto que tenga certificación orgánica. Cabe preguntarse qué es natural y qué no. Hay un grupo grande de suplementos alimentarios (vitaminas, minerales) que en muchos países están fuera de toda supervisión. Como no se trata de medicamentos ni de alimentos propiamente dichos, nadie controla lo que contienen las vitaminas. Hace poco tiempo hubo un escándalo en los Estados Unidos a propósito de que muchos de estos suplementos vitamínicos no solo no contenían lo que estaba escrito en sus envases, sino que además estaban llenos de sustancias nocivas.

El sujeto entonces duda con razón de muchas autoridades que en el nivel de la sociedad deberían cuidar la calidad de los alimentos. Por otro lado, la relación con la autoridad tradicional, como los padres y los docentes, ha cambiado. En lugar de esas autoridades han surgido nuevos consultores de alimentación, facilitadores y medios que publican todos los días historias sobre lo que es saludable y lo que no, y crean así el mito de lo que debería ser el cuerpo ideal. En medio de este conflicto de autoridades, el sujeto se va convirtiendo en alguien que se impone prohibiciones a sí mismo. Las prohibiciones sobre lo que podemos comer y lo que no son muchas veces la forma en la que intentamos mitigar otros conflictos que aparecen.

Hoy en muchas familias determinados alimentos son objetos fóbicos que estructuran de un modo particular los mecanismos inconscientes de sus miembros y se vuelven catalizadores de variadas emociones. También muchas veces intentamos dominar nuestra angustia con la comida o recibir el reconocimiento de los demás. Tomemos por ejemplo el caso de una adolescente que por leer artículos sobre la intolerancia a un determinado alimento o por consejo de facilitadores descubre que debe cambiar su alimentación de manera radical. Digamos que la chica hace una lista de lo que no debe comer, arma un horario de alimentación, etc. Con esta maniobra, que no está basada en un diagnóstico médico, ha dado una nueva forma a su entorno familiar. De ahora en adelante, el resto de los miembros de la familia deberá prestar especial atención al régimen alimentario de ella. Aunque tal vez lo combatan, de todos modos la chica tendrá un nuevo poder en la familia.

Los psicoanalistas se encuentran cada vez con más personas que tienen trastornos de alimentación. No se trata tan solo de personas que tengan un problema visible de anorexia, bulimia, ortorexia o sobrealimentación, sino también de aquellos que en apariencia están alimentados con toda normalidad. Una mujer acudió a un psicoanalista inglés. Desempeñaba un exitoso trabajo desde su casa. Aunque el trabajo le daba mucha satisfacción y dinero, decidió buscar un empleo en la oficina, menos interesante, adonde tuviera que ir de 9 a 17. Solo así pudo interrumpir sus incesantes excursiones a la heladera, que la llevaban a penosos atracones. Rhiannon Lucy Cosslett describía en un artículo de *The Guardian* su lucha de muchos años con la comida y la cuenta de calorías, que para muchas mujeres es una pesada tarea diaria. Qué comer y en qué cantidad, cuánta actividad física hacer, qué suplementos dietarios comprar… Escribe que hoy en día los trastornos alimentarios pasan desapercibidos. Muchas mujeres tienen un peso normal en apariencia, aunque su lucha con la alimentación es una preocupación cotidiana.

En la sociedad contemporánea ocurre la paradoja de que lo que en principio es entendido como algo bueno o incluso imprescindible para la vida, es rápidamente entendido como algo peligroso y, sobre todo, como algo que causa dependencia. Hoy aquello de lo que podemos llegar a ser dependientes ha crecido mucho: además de las drogas y el alcohol, podemos depender de la comida en general o de determinados tipos de alimentos, por ejemplo el chocolate o el azúcar. También podemos ser dependientes de las nuevas tecnologías, de los juegos de computadora, de las relaciones humanas, del deporte, de las compras y —como novedad— parece que también de los jugos para la limpieza de los intestinos.

Kelsey Osgood describe en sus memorias —*How to Disappear Completely: On Modern Anorexia* [*Cómo desaparecer por completo: Sobre la anorexia moderna*]— las distintas formas en que el sujeto intenta hoy autodestruirse. Muchas chicas hoy parecen sufrir *wannarexia* —el deseo de volverse anoréxicas—. Autoconsumirse hoy es casi un ideal. Los estadounidenses dicen que el sujeto no puede ser demasiado delgado o demasiado rico. El trabajo hasta el agotamiento es una de estas formas del consumo de sí mismo que va en aumento. El hecho de que nos ocupemos sin cesar de qué hemos consumido en exceso y qué no hemos consumido lo suficiente; qué hemos eliminado del cuerpo y qué no, nos hace sentir culpables y a la vez nos da una sensación de poder excepcional y de responsabilidad sobre todo lo que ocurre con nuestro cuerpo. El sujeto contemporáneo es cada vez más alguien que se devora sin cesar, que tiene la sensación de cometer siempre algún error y estar por eso lejos del cuerpo ideal y del ideal de felicidad y satisfacción. Ese devorarnos a nosotros mismos metafóricamente hablando —con la autocrítica, con la sensación de que no somos lo bastante buenos y con la incesante angustia por nuestra existencia— nos vuelve al final los súbditos ideales de los tiempos neoliberales.

Hace años que el poder político nos convence de que tenemos que ajustarnos los cinturones más y más. Bueno, si también en nuestra vida privada nos seguimos ocupando de la cuestión de qué llevarnos a la boca y qué no, no debemos olvidar que incluso en tiempos de ajuste los mayores ingresos son para la industria de los alimentos dietéticos.

LA LIMPIEZA DE LOS CUERPOS, LOS DEPARTAMENTOS, LAS RELACIONES...

En 2015, los medios de Gran Bretaña informaron acerca de un señor de Norfolk que empleó trescientas libras en la operación de una carpa dorada que padecía estreñimiento. El veterinario llevó a cabo la operación con todo cuidado y durante la cirugía monitoreaba con pequeños instrumentos las pulsaciones del pez. Ante la noticia, la opinión pública inglesa quedó muy dividida. Algunos se indignaron porque el hombre había empleado tanto dinero en su pececito mientras una cantidad enorme de personas no tiene qué llevarse a la boca. Otros veían el gesto del hombre como algo muy amoroso, como muestra de gran responsabilidad hacia su mascota, que tal vez fuera para él el único ser con quien tenía una relación pura. Algunos otros no consideraban importante el hecho de que hubiera destinado tanto dinero para salvar un pececito. Podría haberse gastado el dinero en la bebida, en el juego o en algo superfluo, por ejemplo en la compra de costosos adornos navideños.

Pero los británicos no solo se han ocupado de la limpieza de los intestinos del pececito, sino también de las personas. El profesor de medicina complementaria Edzard Ernst ha señalado al público que se invade con gran velocidad al comprador con diversos productos que contribuirían a limpiar los órganos del cuerpo. En especial después de las fiestas de Año Nuevo, la industria de la desintoxicación cuenta con que las personas van a querer limpiar su cuerpo, porque las fiestas están asociadas al consumo de grandes cantidades de comida y de bebida, y porque es usual que la gente llegue al nuevo año con varios proyectos de cambio para sus vidas. Sin embargo, el profesor Ernst no niega que las personas que han caído en una profunda dependencia necesiten un régimen de desintoxicación particular. Pero las personas sanas pueden perjudicarse más de lo que se benefician con la ingesta de suplementos que prometen limpiar los órganos (por ejemplo el hígado, los riñones o los pulmones). Estos órganos se limpian por sí solos y no hay pruebas de que con sustancias desintoxicantes especiales sea posible que funcionen mejor. Todo lo que las personas deben hacer es vivir tan saludablemente como puedan, no fumar y no beber alcohol en exceso. Los diversos preparados con acción limpiadora específica solo benefician a los vendedores de estos preparados, que en los últimos años han experimentado un aumento excepcional de ventas.

Hace unos años, la organización británica sin fines de lucro Sense about Science llevó a cabo una investigación entre los fabricantes de preparados para la desintoxicación. Preguntaron qué sustancias tóxicas eliminaban del cuerpo, qué había en sus preparados y si tenían alguna investigación científica acerca de sus efectos. Resultó que la mayoría de los fabricantes no tenía una respuesta clara acerca de qué se deseaba eliminar del cuerpo y qué sustancias de sus preparados tenían ese efecto mágico desintoxicante. Se demostró además que no había dos fabricantes de sustancias desintoxicantes para el mismo órgano con respuestas parecidas acerca de qué era lo que se limpiaba en el cuerpo.

Si miramos con un poco más de detalle la ideología de la limpieza, vemos que está presente en todas partes. Los medios occidentales están llenos de programas acerca de cómo limpiar el departamento de trastos viejos. Además de los preparados para la limpieza del cuerpo y de variados consejos sobre cómo preparar jugos depuradores o sobre la organización de campamentos de ayuno colectivo, la industria de la desintoxicación también ofrece consejos sobre cómo limpiar las relaciones. Así, podemos encontrar consejos acerca de cómo realizar una limpieza en el amor o una limpieza de emociones negativas en otras relaciones. Algunas empresas ofrecen incluso una limpieza del cerebro. Una forma de organización particular del lugar de trabajo parecería posibilitar que limpiemos el cerebro de cargas innecesarias y hagamos lugar para ideas más creativas.

Pero los psicoanalistas que tratan enfermedades psicosomáticas no niegan que las relaciones y el entorno influyan mucho en nuestra salud. En su libro *Why Do People Get Ill?* [*¿Por qué la gente se enferma?*], Darian Leader y David Corfield dan ejemplos concretos de que el amor pasa por el estómago. Algunas personas padecen estreñimiento por el amor perdido; otras, diarrea. Como si unos intentaran mantener dentro de sí el objeto de amor perdido y otros expulsarlo por la fuerza.

También en el nivel de la sociedad nos ocupamos de la problemática de la limpieza. Hace años, en Eslovenia apareció la ideología del reseteo —algo así como un mágico nuevo comienzo con el que la rueda económico-política se echaría a rodar desde cero—. Surgió también la idea de la limpieza moral y de la lustración y las purgas políticas. La limpieza de la corrupción y del sistema judicial desató las pasiones más encarnizadas.

Otros países también tienen ideas parecidas de nuevos comienzos. Después de una profunda crisis económica, en Islandia llegó al poder una coalición de derecha que tenía como lema de las elecciones la idea de la reparación. Como reparación fundamental prometieron una compensación económica parcial a las personas que habían perdido sus ahorros en la crisis o que se habían extralimitado en sus deudas y no podían pagarlas. Pero cuando el nuevo gobierno se formó, quedó claro que difícilmente podría cumplir estas promesas, en especial si no aumentaban los impuestos. El gobierno encontró la salida ajustando los estómagos de la población: aumentó el impuesto de la mayoría de los alimentos y de las golosinas.

En Año Nuevo, los islandeses se entregan al descontrol de las fiestas. Además de la decoración obsesiva de las casas, el consumo apasionado de alcohol y los regalos a los chicos (los trece Papás Noel vienen de su mitología), tienen unos fuegos artificiales descomunales. Aunque el país tiene poco más de 330.000 habitantes, durante las fiestas del Año Nuevo queman quinientas toneladas de pirotecnia en fuegos artificiales. En su devoción, no los detiene el hecho de que bastantes personas sufran daños severos todos los años. El colmo del absurdo es que el mayor vendedor de cohetes es el servicio de urgencias.

Pero justo antes del comienzo del nuevo año hay un tiempo de limpieza. Durante una hora casi toda la población se sienta frente al televisor a mirar un programa humorístico que se burla de los políticos. Cuando el gobierno jugó con los impuestos a los alimentos, se lanzaron a preguntar qué era saludable llevarse a la boca para cada quién. En una parte del programa vemos al ministro de Economía comprando comida saludable en un autoservicio. El carrito está lleno de fruta y verdura, y cuando ve a la gente común llenar sus carros con golosinas baratas, se esconde y oculta su carrito tras las estanterías. Llama a su asistente y le encarga que suba un poco el subsidio a la Iglesia. Si la gente no puede permitirse comprar comida saludable, que al menos pueda tener consuelo y purgar sus pecados en la iglesia.

En el año 2015, el estado de Virginia también experimentó una limpieza política particular. Allí, el ex gobernador republicano Bob McDonnell, que había llegado a sonar como un posible candidato presidencial, fue condenado a dos años de cárcel por corrupción. La caída de McDonnell ocurrió a causa de los alimentos y las vitaminas. Durante su mandato, las fuerzas de seguridad señalaron que el cocinero robaba comida de la residencia. Pero el cocinero fue muy astuto. Durante su empleo en la residencia fotografiaba a escondidas a los hijos adultos de McDonnell, que se llevaban comida, vasos y demás a sus departamentos, y al gobernador, que se veía cada vez más a menudo con un industrial que intentaba introducir en el mercado nuevas vitaminas. El cocinero fue reuniendo documentación que probaba que el industrial invitaba al gobernador de vacaciones, le había regalado un reloj, le había pagado toda la boda de su hija y demás. Más adelante se comprobó que el gobernador había recibido del empresario un préstamo sin intereses y una donación para su campaña política, todo a cambio de que el gobernador lo ayudara en sus negocios con las vitaminas. Cientos de personas rogaron al juez que perdonara al gobernador, porque era un hombre profundamente religioso y ayudaba a los sin techo organizando bancos de alimentos y comedores para los pobres. Aunque al gobernador le esperaban doce años de prisión, todo se arregló con una pena bastante baja. La mayoría de la población recibió la decisión del juez como un balde de agua fría. Un pobre que roba algo menor a menudo termina en la cárcel por muchos más años que este político.

La pasión por la limpieza es un síntoma de una sociedad que tiene muchos problemas para pensar con espíritu colectivo, para pensar cómo formar las relaciones, y en especial para pensar que la ideología del individualismo como base de la sociedad de consumo atraviesa una grave crisis.

Evidentemente, lo más sencillo es desarrollar una relación pura con un ser que no exige demasiado de nosotros y para colmo está separado por una pared de vidrio, como el pececito dorado.

Los eslovenos también hemos visto que, en tiempos de un individualismo excepcional, la carpa dorada es la mejor mascota, y hasta tenemos una en el palacio presidencial. Bueno, la adorable carpa puede también desatar conflictos en las relaciones interpersonales. Es lo que le ocurrió al pequeño Mihec cuando cavaba en el jardín una gran fosa. Llegó su vecino y le preguntó: "¿Qué estás haciendo, Mihec?". Mihec le dijo entre sollozos: "Oh, mi pececito dorado ha muerto. Acabo de enterrarlo". El vecino se quedó pensando y le preguntó: "¿Por qué necesitas una fosa tan grande para un pececito tan chiquito?". Mihec alisó la última palada de tierra y dijo: "Porque adentro también está tu gata".

Paradojas de la sociedad contemporánea

EN BUSCA DE UN AMO

NUESTRA RELACIÓN CON LA autoridad nunca está llena de amor o de respeto. Antes bien, diría que está atiborrada de críticas, insatisfacción y desesperación por la posibilidad de que quien ejerce el liderazgo no sea un verdadero líder. Hace años colaboré en la puesta de un espectáculo de danza contemporánea y tuve la oportunidad de observar estos sentimientos en el cuerpo de baile. Desde el principio, la coreógrafa decidió que iba a abordar el concepto de la obra junto con los bailarines. Ellos, que no estaban acostumbrados a métodos democráticos, lo recibieron con entusiasmo. Pero pronto comenzaron a quejarse de que en realidad la coreógrafa no ejercía el liderazgo. Un verdadero coreógrafo es más autoritario y no se presta a extensos debates sobre la realización de la obra. Las críticas ponían en el aire una ansiedad evidente con respecto al éxito de la puesta. Los bailarines canalizaban su incomodidad porque la obra no tuviera aún una estructura clara a través de la crítica al método de trabajo demasiado democrático. Cuando hacia el final del proceso la coreógrafa tomó las riendas y se volvió bastante más autoritaria, las críticas fueron en la dirección contraria. Los bailarines armaron un escándalo porque era demasiado autoritaria y no respetaba los debates democráticos. Apenas antes del estreno, cuando los bailarines recibieron sus trajes, la avalancha de reproches se descargó sobre el vestuario. La mayoría se quejaba de que no le quedaba bien, de que los colores eran horrendos, de materiales incómodos, que los hacían gordos, que exponían demasiado la celulitis… la ansiedad llegó al clímax antes del estreno. Como yo estaba observando un proceso de creación por primera vez, tuve la impresión de que no iba a haber estreno. Luego todo se aplacó como por arte de magia; los bailarines olvidaron las críticas anteriores, respetaron y obedecieron las instrucciones de la coreógrafa y al final pusieron lo mejor de sí. Tras el éxito de la función olvidaron por completo el drama que había ocurrido antes.

En psicoanálisis ese tipo de relación compleja con la autoridad se da a menudo en los histéricos, que buscan todo el tiempo un amo y, cuando lo encuentran, buscan sus errores sin cesar, lo contradicen, lo tachan de impotente y miran con nostalgia a su anterior líder o tienen la esperanza de encontrar en el futuro al verdadero líder. La mujer histérica, por ejemplo, criticará a su marido, le señalará sus errores y considerará perfecta a su antigua pareja, a su padre o al marido de la amiga. Con este tipo de crítica el histérico consigue afirmarse temporariamente. La premisa del histérico es que el otro no puede vivir sin él. Cuando el histérico busca una falta en el líder, se presenta enseguida como quien hace posible que el líder lleve adelante las cosas. Pongamos por caso que un histérico critica a un jefe incompetente en la oficina. A menudo agregará enseguida que todo se desmoronaría si no hiciera él mismo la mayoría de las cosas que el jefe incompetente no ha hecho.

Los teóricos que analizan la sociedad postindustrial se preguntan si ha cambiado algo en la relación de las personas con la autoridad. Es evidente que las viejas autoridades (el padre, el sacerdote, el líder político) no tienen ya el mismo poder; la gente respeta menos su palabra y además estas autoridades muchas veces no se comportan como tales (por ejemplo, el padre funciona más bien como un hermano del hijo; el sacerdote se humilla con su conducta sexual; el político, con su oportunismo). Incluso en los debates acerca de los grandes cambios sociales o de los conocimientos científicos, ya no podemos contar con encontrar una autoridad que nos resulte un referente ante estos problemas. Como afirmó sin ambages Alan Greenspan, ícono del mundo financiero estadounidense, al despuntar la crisis económica de 2008, él mismo no tenía idea de que la crisis iba a ocurrir. Pero lo que reconoció lo adscribió a la teoría: se había encontrado "un error en el modelo que define cómo funciona el mundo". Aunque Greenspan era una autoridad indiscutida que había contribuido a la glorificación de la idea del libre mercado, con su reconocimiento del error en el sistema negó su papel de autoridad. Al adscribir a la teoría el error en el sistema se quitó de encima la responsabilidad que va aparejada a la autoridad. En efecto, negó haber colaborado durante años en la constitución del modelo que más tarde probó ser un modelo con un error. (Es importante advertir que Greenspan no mencionó que se tratara de un modelo erróneo sino de un modelo con un error. Hay que deshacerse de este pequeño error entonces, no de todo el modelo. El hecho de que la crisis económica haya contribuido tan poco a la reflexión sobre el modelo confirma el deseo no expresado de Greenspan: arreglar solamente el error del viejo modelo).

Hoy, otras autoridades también se comportan de un modo similar. Los políticos afirmarán que en realidad no tienen el poder, porque los capitalistas gobiernan tras bambalinas. Los capitalistas afirmarán que no tienen ningún poder, porque quienes gobiernan son los políticos. Luego, todos juntos recurrirán al supuesto poder fuera del país. En estas denuncias también se advierte el ritual histérico de los bailarines antes mencionado. Parecería que en las autoridades contemporáneas hay ira porque la autoridad no funciona como autoridad. En lugar de aceptar la responsabilidad que corresponde a su posición de poder, la autoridad finge ser completamente impotente.

Si bien en realidad la autoridad nunca puede ser verdadera y por eso el sujeto está siempre preguntándose quién está en el poder, en la sociedad contemporánea se ha encontrado una solución paradójica de autoridades temporarias que elegimos nosotros mismos. Se trata, por ejemplo, de los variados consejeros de la así llamada industria de la autoayuda y sobre todo de los así llamados *coach trainers* que los sujetos contratan para que los ayuden a dirigir y demás. El *coach* que proporciona instrucciones para dominar una situación, para saber cómo comportarse, para colaborar con los demás, se ha vuelto una autoridad oculta a la cual acude la autoridad que está en una posición de poder. De la misma manera, el político se rodeará de asesores de imagen y entrenadores de oratoria para hablar en público. El economista encontrará asesores para el funcionamiento en equipo, para motivar a las personas y, sobre todo, para ser él quien manda[3]. Los padres peregrinarán de consulta en consulta cuando encuentren problemas para educar a sus hijos. Como se ve, la autoridad misma busca hoy un amo que funcione como aquel que sabe. La paradoja radica en que muchos de estos nuevos consejeros no creen en lo que enseñan, y cambian a menudo de campo de asesoramiento de acuerdo con la forma de ansiedad que advierten en sus potenciales clientes. En los Estados Unidos han descubierto que muchos asesores financieros se han especializado con el tiempo en otros campos: liderazgo, consultoría psicológica, motivacional. Cuando se preguntó a los asesores cómo habían pasado de las finanzas a la psicología, estos afirmaron que, al observar a la gente que venía en busca de ayuda por asuntos financieros, descubrieron que necesitaban orientación acerca de cómo llevar adelante sus vidas en general y, sobre todo, cómo relacionarse con los otros. Por supuesto, estos asesores advirtieron con rapidez que en especial las personas que están en una posición de autoridad necesitan ayuda de alguien que les diga cómo debe ser esa autoridad y cómo debe comportarse.

La medicina actual también conoce el poder de la fe en la autoridad. Por un lado, el médico mismo ha rechazado el papel de autoridad porque su trabajo es cada vez más especializado en una pequeña porción del cuerpo y así, no tiene posibilidades de considerar el estado del ser humano como totalidad. Por otro lado, su deseo de

3. Juego de palabras entre *gospodarstvenik* ("economista"), y *gospodar* ("el amo", "el que manda"). [N. de la T.]

ganancias ha socavado la fe de los pacientes en que el médico ponga en primer lugar el bienestar de las personas. Al mismo tiempo, también los pacientes que buscan la opinión de diversas autoridades, que consultan a distintos médicos y buscan información en Internet han socavado la fe en la autoridad del médico. La paradójica relación con la autoridad tiene lugar también en la enfermedad. Cuando investigadores estadounidenses consultaron hace años a personas sanas si en caso de enfermarse de cáncer desearían decidir ellos mismos acerca de su tratamiento, tres cuartos de los consultados respondió afirmativamente. Años después hicieron la misma encuesta a los miembros de aquel grupo que en efecto habían enfermado de cáncer y el resultado fue completamente opuesto: la gran mayoría deseaba que existiera una autoridad que tomara las decisiones acerca de su tratamiento en lugar de ellos.

Los estadounidenses han encontrado hace tiempo una solución salomónica a estos problemas con la autoridad. En los hospitales de California, donde acuden muchos inmigrantes del grupo étnico asiático hmong, han permitido la visita de chamanes que curan a las personas en forma tradicional. Los chamanes van con toda libertad al hospital y practican allí antiguos rituales de sanación. Los médicos que alentaron este tipo de práctica han subrayado que la fe ayuda a las personas en la curación de muy diversas maneras. Un psiquiatra incluso agregó que la fe de algunas personas en el poder del chamán tiene el mismo efecto que la fe de otras en el poder de los medicamentos.

En Eslovenia seguimos bailando al son histérico de los amos. Nunca encontramos al verdadero. Algunos tienen nostalgia de los viejos, otros esperanza en los nuevos.

Como bien lo demostró, el difunto presidente Drnovšek comprendió bien el problema con los amos cuando invitó a los chamanes sudamericanos. Parece que ellos encontraron corrientes de energía positiva en Bled. ¿Por qué no mudar la capital allá? Eso si la Iglesia le devuelve por un precio acomodado al Estado la isla de Bled para fines protocolares[4].

TIRAR LOS DADOS

A principios de los años ochenta, el juez estadounidense Alan Friess decidió que para emitir el fallo sobre la pena que tocaría a los ladrones acusados de pequeños robos arrojaría una moneda. La pena podía ser de treinta o de veinte días de cárcel. El acusado quería por supuesto la pena más corta, y el juez tendía a preferir la más larga. Para resolver el dilema, Friess ofrecía al acusado la posibilidad de tirar una moneda. Si salía cara, recibía treinta días, si salía ceca, veinte. Los acusados acordaban con gusto que el azar decidiera la duración de su pena, pero el aparato judicial estadounidense no quería aceptar el hecho de que la diferencia entre que el juez otorgara una pena de treinta o de veinte días de cárcel estaba asociada a su buen humor y a menudo no se basaba en derechos claramente determinados.

---

4. Cuando el presidente Janez Drnovšek enfermó de cáncer, inició tratamientos con medicina alternativa e invitó a chamanes sudamericanos a visitar Eslovenia. La ironía sobre Bled se refiere a las "desnacionalizaciones", es decir, la devolución de propiedades que habían sido expropiadas por el socialismo a los dueños anteriores; hubo una polémica en Eslovenia respecto de si la Iglesia recibiría toda la isla de Bled como su propiedad o solo la iglesia que hay en ella. [N. de la T.]

Friess recibió una sanción disciplinaria: le retiraron el derecho a ejercer como juez. Pero de todos modos, algunos de sus colegas salieron en su defensa. Un abogado afirmó que arrojar la moneda no era una manera de juzgar ni más ni menos estrafalaria que la que se veía en los juzgados estadounidenses todos los días. También se pronunció públicamente el juez Louis Rosenthal, quien admitió que él también había recurrido alguna vez a la lógica del azar para acelerar el fallo en casos de delitos menores. Les daba a elegir a los acusados que confesaran su culpabilidad o que participaran de un particular juego de lotería y dejaran que el azar decidiera cuál sería su suerte. El juez anotaba en tres hojas de papel las sentencias posibles: una pena monetaria de quinientos dólares, treinta días de cárcel o la absolución. La mayoría de los acusados se decidía por confesar la culpabilidad y no correr el riesgo de que el azar los confinara a treinta días de cárcel. Más tarde, Rosenthal también dejó de ser juez, y la idea de que se usara la lotería en la determinación de la pena quedó en el olvido en el aparato judicial estadounidense.

Bernard Harcourt, profesor de derecho en la Universidad de Columbia en Nueva York, dedicó al tema del azar en el castigo el libro *Against Prediction: Profiling, Policing and Punishing in an Actuarian Age* [*Contra la predicción: Perfil, policía y castigo en la época de los modelos estadísticos*]. Su tesis es que es necesario devolverle la preponderancia al papel del azar. Aunque rara vez el derecho admite que en la duración de la pena muchas veces influye el azar, se trata de algo importante. Nuevas investigaciones acerca de las sentencias judiciales demuestran que la duración de la pena que impone el juez depende muchas veces de hechos banales: si el juez ha desayunado o no, si está a punto de almorzar o si después de un largo día de trabajo desea algo dulce para animarse un poco.

Un análisis llevado a cabo por investigadores israelíes demuestra que el nivel de azúcar en sangre influye en las sentencias judiciales. Al analizar cuándo y a quién se otorga libertad condicional, se descubrió que hay una gran diferencia entre las penas que recibieron las personas que comparecieron ante el juez por la mañana, aquellas cuyo turno fue antes y después del almuerzo del juez, y las que recibieron la decisión del juez al final de su día laboral. Los que salieron mejor parados fueron quienes se encontraron con el juez por la mañana; un poco peor les fue a quienes comparecieron después del almuerzo y algo peor les fue a los acusados sentenciados por un juez hambriento antes de almorzar; peor que a nadie les fue a quienes recibieron sentencia de un juez cansado al final de su día laboral. Si el sujeto depende tanto de lo que ha almorzado el juez o de si está cansado, ¿no deberían los acusados tener derecho de traer al tribunal algún pequeño bocadillo para el juez? O mejor: ¿por qué no dejar que, en lugar de un juez hambriento, los dados decidan su pena?

De hecho, muchas veces tomamos las decisiones difíciles de la vida con la ayuda de los juegos de azar. Durante la guerra de Vietnam, el gobierno estadounidense decidió hacer un reclutamiento obligatorio para ingresar al Ejército y seleccionar al grupo de soldados enrolados para ir a Vietnam por sorteo. (La paradoja fue que los estadounidenses ricos e influyentes encontraron con rapidez la forma de eludir el sorteo, mientras que el destino de los pobres fue echado al azar) Yo misma he debido enfrentarme al poder del azar. Cuando mi hijo recibió una entrada extra para un concierto que muchos chicos querían ver, dos de sus amigos estaban forcejeando por esa entrada; la argumentación racional sobre quién de los dos la merecía no llegaba a ningún lado porque mi hijo sabía que al elegir a un amigo, perdería la amistad del otro. Así que los chicos aceptaron la sugerencia de mi padre: echarlo a suertes. Cuando el azar decidió a quién le correspondería la entrada, recibieron la solución como la más justa y la amistad no fue amenazada.

En un coloquio sobre el tema del poder del azar organizado por el profesor Harcourt, tuve la confirmación palmaria de que muchas veces las personas no quieren aceptar que hay cosas que ocurren por azar. Compartimos un panel y poco antes de comenzar acordamos que íbamos a tomarnos en serio la cuestión del azar. En lugar de que Harcourt leyera primero su texto y yo luego el mío, advertimos a los oyentes que íbamos a mezclar nuestros textos en forma aleatoria, de modo tal que cada uno leería un párrafo de su propio texto e intercalando uno y otro presentaríamos nuestras intervenciones hasta el final. La paradoja de este evento fue que nadie en la sala creyó que se trataba del azar. La opinión generalizada fue que habíamos preparado nuestra presentación en forma premeditada para que pareciera un texto mezclado en forma aleatoria. Los oyentes no podían concebir que dos profesores que hablaban sobre el azar se tomaran el azar en serio. Como siempre intentamos encontrar alguna lógica a los sucesos, atribuimos al azar un papel menor del que en realidad tiene, y al mismo tiempo muchas veces intentamos desestimar el poder del azar al punto de tratar de impedir sus consecuencias lo mejor que podamos.

El azar nos da miedo, y es paradójico porque toda la historia del capitalismo está vinculada a él. En los años setenta, el economista Burton Malkiel formuló una tesis en su libro *A Random Walk Down Wall Street* [*Un paseo aleatorio por Wall Street*]: si pusiéramos a un chimpancé con los ojos vendados ante un grupo de acciones que coticen en bolsa, y este arrojara dardos sobre las acciones en las que vale la pena invertir, la elección sería tan buena como la que puede hacer el conjunto de los mejores especialistas en la bolsa. Unos años después, *The Wall Street Journal* llevó a cabo en la realidad un experimento parecido. Los empleados del periódico arrojaron dardos a un grupo de acciones elegidas al azar y compararon los resultados de sus inversiones con las que recomendaba una selección de asesores de bolsa. Al final del experimento quedó demostrado que seguir el azar no había sido una estrategia tan mala.

En el pasado considerábamos el mercado como un asunto del azar, donde no podía preverse con claridad qué acciones iban a subir y cuáles a bajar; en las últimas décadas predomina en los círculos financieros la opinión de que podemos prever el riesgo de las inversiones en bolsa con exactitud asombrosa a través de los programas de computadora adecuados. Se presuponía que determinados programas de computadora, que calculaban el riesgo, tenían una precisión del 99%. Con la confianza en el éxito de estos programas se olvidó que estaban hechos sobre la base del movimiento de los mercados solo en tiempos de crecimiento, y que no contemplaban la posibilidad de un colapso financiero. Al mismo tiempo, se olvidó que quienes usan programas de computadora son personas que saben encontrar rápidamente las grietas y presentan sus inversiones como mucho menos arriesgadas de lo que en realidad son para poder obtener sus comisiones.

La fe en el poder de la previsión racional de futuro y la fe en que las utilidades solo iban a aumentar fue la base de varias adquisiciones millonarias y de la formación de imperios económicos en Eslovenia. Hasta la Iglesia jugó a los dados con el patrimonio de muchas personas poniendo su fe en el dios del mercado, que solo fecunda las inversiones y no castiga la codicia.

En su libro *El hombre de los dados*, Luke Rhinehart describe la vida de una persona que resuelve que todas las decisiones de su vida las tomará un dado. El protagonista de la novela es un psiquiatra que al principio lanza un dado para decidir si va a mantener a un paciente en el hospital psiquiátrico o no. Más tarde se entusiasma tanto con el dado que lo usa para todas las decisiones de la vida: traicionar a la esposa o no, separarse o no, dejar o no el trabajo y así siguiendo. El dado se vuelve paulatinamente el amo de su vida y al final el psiquiatra va perdiendo la cordura.

Entronizar al azar y convertirlo en amo de todas nuestras decisiones no es más desquiciado que creer ciegamente en el poder de la elección racional, que en apariencia nos haría posible prever las eventuales consecuencias de nuestras elecciones e impedir el riesgo y el error. En la sociedad contemporánea, muchas veces quienes están en el poder se comportan como si sus decisiones estuvieran ligadas al juicio racional y como si pudieran prever con certeza cuáles serán las consecuencias de sus estrategias. En el frenesí de los gobiernos por recortar presupuestos con la argumentación racional de que en el largo plazo resultará lo mejor reducir el gasto en ayuda social, educación, investigación y cultura, sería mucho mejor usar un dado para quizá recortar el subsidio a las Fuerzas Armadas y al aparato político. Si al arrojar el dado perdiera la voluntad popular de todos modos y la ayuda social y la cultura quedaran fuera de presupuesto, al menos se podría culpar al azar. Pero en lugar de eso, los gobiernos siguen cegándonos con explicaciones racionales acerca del urgente sacrificio, cuando en realidad son ellos los que juegan a los dados con la vida por seguir ciegamente los intereses de los grandes capitales.

LA ILUSIÓN DEL TRABAJO

Mientras leen este libro, los lectores seguramente juegan también con teléfonos inteligentes, revisan si hay algo nuevo en Facebook o en Twitter y de paso mandan algún correo electrónico, intercambian fotografías por Snapchat y así siguiendo. Hace ya mucho que los psicólogos tratan la cuestión de cómo mantener la atención en estos tiempos de teléfonos inteligentes. Los empleadores quieren saber cómo supervisar lo que sus empleados hacen en Internet. Y ahora también muchas universidades han comenzado a ocuparse del tema.

Los profesores ya se han acostumbrado a que solo los escuchen unos pocos estudiantes porque su atención se dirige a menudo hacia sus *smartphones*. Muchas veces, la falta de atención molesta también a los estudiantes. Me ocurrió una vez que una estudiante, que estaba presentando su trabajo final de seminario acerca de la influencia de la tecnología en la psiquis de las personas, les pidió a sus compañeros antes de empezar que durante media hora guardaran sus teléfonos, cerraran sus computadoras y la escucharan sin hacer nada más. Al final, les pidió a sus compañeros que anotaran cómo se habían sentido mientras no estaban conectados a los dispositivos. La mayoría describió sentimientos de ansiedad, inquietud y temor por perderse de algo. Algunos reconocieron que miraban el teléfono cada diez minutos, que lo tenían siempre consigo y que aun cuando dormían no lo tenían lejos de la cama.

Las universidades de todo el mundo abordan el problema de atención de los estudiantes de maneras diversas. No solo se preguntan si los estudiantes siguen el hilo de las clases, sino también si aprenden lo suficiente en su tiempo libre. Como en muchos países el estudio es muy caro, la cuestión de si los estudiantes usan el tiempo destinado al aprendizaje de manera óptima va ligada a la exigencia de que la inversión en el aprendizaje permita obtener el resultado deseado en el tiempo más corto posible.

Con el deseo de que los consumidores del proceso de aprendizaje —los estudiantes y sus inversores, digamos, los padres— estén satisfechos con la ganancia de la educación, algunas universidades estadounidenses han comenzado a supervisar con métodos específicos cómo estudian los alumnos para los exámenes.

Los estudiantes tienen la posibilidad de bajar una aplicación con los teléfonos inteligentes. Con la ayuda de tecnología GPS, la aplicación registra cuánto tiempo ha pasado el estudiante en la biblioteca, cuánto tiempo en el gimnasio, cuándo ha salido a caminar e incluso cuánto tiempo se ha quedado en su dormitorio. Como la aplicación percibe también el sonido, se sabe cuánto tiempo el estudiante ha pasado durmiendo, mirando la televisión, jugando videojuegos o divirtiéndose. El procesamiento de estos datos parece anticipar ya en la primera semana de estudio con bastante exactitud si, de acuerdo con sus hábitos de trabajo, el estudiante va a aprobar el año lectivo. Si a eso le agregamos los datos acerca de la frecuencia con que ha asistido a las clases, parece ser posible predecir con bastante exactitud incluso qué promedio va a tener en el año lectivo. Este tipo de datos estaría a disposición de su mentor y de otros responsables de áreas de la universidad para usarlos de inmediato si advierten que el estudiante no trabaja lo suficiente, es decir, si emplea demasiado tiempo en actividades que no están vinculadas a su aprendizaje.

También The Open University, en Gran Bretaña, que ofrece educación a distancia, ha decidido intentar supervisar el tiempo de aprendizaje. Ha comenzado a utilizar un programa específico para medir cuánto tiempo emplean los estudiantes en leer los materiales que tienen a disposición en el portal de la universidad y cuánto tiempo emplean en resolver las tareas.

Los defensores de este tipo de dispositivos de control subrayan que, en tiempos en que la educación es muy cara, los datos acerca de los hábitos de estudio dan a las universidades la posibilidad de ofrecer ayuda a los estudiantes si advierten que no dedican el suficiente tiempo al estudio. Como muchos estudiantes padecen depresión y angustia y como algunos, por causa de problemas psíquicos y de las presiones relacionadas con el estudio, llegan al suicidio, los nuevos métodos de control también permitirían a las universidades advertir tales problemas con más rapidez y ofrecer a los estudiantes ayuda psicológica.

En los debates públicos acerca de este tipo de vigilancia de los estudiantes, el primer problema que aparece es la cuestión de la privacidad. Los estudiantes deben estar de acuerdo en que se supervise su trabajo a través de teléfonos inteligentes y computadoras. Nadie los fuerza, y cuando les instalan los programas de supervisión, firman un acuerdo con la universidad en el que consta que los datos que esta reciba no serán enviados a terceros ni vendidos para fines comerciales. No obstante, muchos se preguntan con razón si es en verdad posible impedir el uso indebido y si las universidades pueden garantizar que las distintas instituciones estatales o privadas no accedan a los datos. Asimismo, quienes critican estas medidas no creen que el interés principal de las universidades sea ayudar a los estudiantes para que concluyan sus estudios en forma satisfactoria. Muchos estudiantes que no aprueban el año lectivo dejan los estudios, y eso significa una merma de dinero para las universidades. Detrás del deseo de ayudar a los estudiantes puede ocultarse el deseo de que la universidad no pierda ingresos.

Los profesores tampoco están tan entusiasmados con la idea de supervisar a los estudiantes a distancia. Por un lado, se les adosa un nuevo trabajo; por el otro, se dan cuenta de que antes o después la universidad los va a supervisar a ellos del mismo modo. Hasta ahora, han evaluado su éxito con sus publicaciones, la cantidad de alumnos que asisten a sus clases y cosas similares, pero qué puede ocurrir si, so pretexto de ayudar a la mejor organización del tiempo, se invita también a los profesores a instalar en sus teléfonos inteligentes herramientas que midan cuánto tiempo le dedican al trabajo.

El período en que una persona decide estudiar en la universidad supo ser un hito importante en la independización. El ingresante se muda de su casa y debe aprender a cuidar de sí mismo, a administrar bien el dinero y a decidir en qué va a ocupar su tiempo. La supervisión de los estudiantes a distancia impide esta independización a los jóvenes. No solo los burócratas velarán por su uso del tiempo, sino también sus padres.

Es necesario contemplar la obsesión por el control de los estudiantes en un contexto más amplio. La ideología de la sociedad de consumo actual se funda en la idea de que debemos ser siempre productivos. Eso parece lograrse con la mejor organización del tiempo. Ya en los años sesenta, el historiador británico E. P. Thompson analizó la íntima relación entre el desarrollo del capitalismo y la nueva forma de entender el tiempo y la disciplina laboral. Antes pensábamos que el progreso traería aparejada la reducción de la jornada laboral, pero ocurrió todo lo contrario: el horario laboral se prolonga. Aunque para la manufactura de bienes de consumo necesitamos hoy mucho menos tiempo que hace décadas, trabajamos más tiempo.

En su libro *Empty Labor: Idleness and Workplace Resistance* [*Trabajo vacío: Ocio y resistencia en el lugar de trabajo*], el sociólogo sueco Roland Paulsen señala las contradicciones de nuestra actual obsesión por el trabajo. Las personas están obligadas a pasar largas horas en su lugar de trabajo, cuando en realidad para llevar a cabo las tareas no sería necesario permanecer tanto tiempo allí. Se exige a las personas que están más abajo en la escala jerárquica que trabajen mucho durante muchas horas; los que están un poco más arriba también tienen que pasar muchas horas en su empleo, pero muchas veces no tienen nada que hacer. Paulsen realizó entrevistas con muchas personas que se aburrían muchísimo en el empleo, y no porque fueran holgazanes, sino porque el trabajo estaba mal organizado y porque no tenían tareas que hacer. Visitó a un empleado de una compañía aseguradora que se especializaba en una forma de seguros que interesaba a escasas personas, de modo que esperaba horas enteras a que apareciera algún cliente. Un empleado bancario sueco confesó a Paulsen que trabajaba activamente en su oficina solo unos quince minutos. Cuando pidió a su superior que le diera más trabajo, este le confió solo una pequeña responsabilidad que le toma apenas otros quince minutos.

De acuerdo con una investigación de Gallup en 142 países, desde el año 2013 apenas alrededor del 13% de los trabajadores se siente de verdad entusiasmado con su trabajo. El doble de esa cantidad tiene un completo desinterés —muchos de ellos tienen incluso una disposición muy negativa hacia la organización en la que trabajan—. Pero la mayoría de los trabajadores está mentalmente desconectada. Muchas investigaciones estadounidenses han demostrado que el trabajador medio navega por Internet en su lugar de trabajo entre una hora y media y tres. El 60% de todas las compras en Internet parecen realizarse en horario laboral, y el 70% de las visitas a sitios pornográficos parece ocurrir entre las 9 y las 17. La tesis de Paulsen es que nuestra economía no solo produce desigualdades en la retribución y la seguridad del empleo, sino también en si se tiene un trabajo estimulante o no y si se encuentra sentido a lo que se está haciendo. Hoy hay una enorme cantidad de personas sin trabajo; y aquellos que lo tienen no encuentran especial sentido en él. Llegan a sus casas mentalmente agotados por las largas horas que pasan en sus lugares de trabajo, y de lo que la empresa comercializa o produce obtienen ingresos sobre todo los dueños del capital.

En su libro *City Slackers* [*Holgazanes urbanos*], Steve McKevitt dice que en una sociedad donde lo más importante es la apariencia, de ninguna manera importa qué hacemos, sino sobre todo que hagamos de cuenta que estamos muy ocupados y que no estamos disponibles con facilidad.

Los estudiantes cuya productividad supervisarán las universidades pronto descubrirán cómo hacer de cuenta que aprenden. Aburridos en sus oficinas, los burócratas universitarios harán de cuenta entonces que trabajan. Unos y otros descansarán de sus actividades poco estimulantes navegando un poco por Internet. Si compran algo de vez en cuando en la web, contribuirán al crecimiento de la economía.

LA OBSESIÓN POR LA EFICIENCIA

Un verano, mientras el profesor sueco Carl Cederström pasaba unos días con su familia junto al mar, lo abordó por la mañana un vecino con vestimenta deportiva y con su pequeña hija, y le preguntó si podía cuidarla por un rato. Cuando Cederström le preguntó de cuánto tiempo se trataba, el vecino le respondió que un buen entrenamiento le tomaba alrededor de dos horas. Cederström recibió a la niña para su cuidado y cuando el vecino comenzó a alejarse con su elegante trote, lo asaltó la duda de lo que habría hecho el vecino si la situación hubiera sido inversa, si él le hubiera pedido que le cuidara a su hija, pero no para ir a correr sino para quedarse tendido tranquilamente en la hamaca colgante durante dos horas.

Antes, el tiempo de las vacaciones estaba destinado al descanso, pero hoy, al contrario, las vacaciones están cada vez más dedicadas al trabajo. No se trata solo de que muchas personas deban estar disponibles por teléfono y por correo electrónico durante el receso, deben también ocuparse de sí mismas, de su cuerpo, de las relaciones familiares, etc. Para usar el tiempo de manera más eficiente, muchas veces hacemos dos o más cosas a la vez. Así, hoy las agencias turísticas ofrecen una nueva forma de visitas guiadas llamadas *sight jogging*, en las que la gente corre de un monumento a otro y de ese modo entrenan cuerpo y alma. En las oficinas podemos tener bicicletas fijas o cintas en lugar de sillas.

La eficiencia se ha vuelto el mantra de nuestro tiempo. Escuchamos hablar sin cesar del riesgo de la inactividad. En Eslovenia, más de una vez ha estado sobre el tapete la holgazanería de los burócratas, cuya eficiencia los ministros quieren controlar con distintos métodos de evaluación. Se ha debatido públicamente también la holgazanería de los jueces, los médicos, los científicos y los docentes. Hace unos años, los franceses estaban obsesionados con la posibilidad de medir la eficiencia de los psicoanalistas. Aunque su tarea es justamente estar sentados en un sillón y escuchar los problemas de los pacientes, también a ellos se los ha intentado evaluar a través del prisma de la eficiencia. En este caso, por supuesto, no se trataba de que los psicoanalistas atendieran a la mayor cantidad de pacientes en menos tiempo, sino de que los pacientes llegaran tan pronto como fuera posible a estar en condiciones de poder trabajar con la mayor eficiencia en su lugar de trabajo.

La obsesión por la eficiencia ha dado forma a un nuevo discurso moral, que abarca reglas de comportamiento, reglas para la vestimenta, para la alimentación y sobre todo para la relación con el propio cuerpo. Si queremos ser eficientes y exitosos, debemos vestirnos para el éxito. En los foros de Internet, podemos encontrar un montón de consejos acerca de cómo la vestimenta influye en el éxito laboral. Existe incluso una organización de bien público, Dress for Success, que regala a los pobres prendas adecuadas para entrevistas de trabajo.

En su libro *The Wellness Syndrome* [*El síndrome del bienestar*], Carl Cederström y André Spicer hacen un análisis de este fenómeno de la eficiencia. Los autores han señalado que en las últimas décadas ha surgido un discurso moral que prejuzga a las personas por su apariencia, su alimentación y la frecuencia de su actividad física. En lugar de hablar de que las personas cobran un sueldo bajo, observamos si son gordas y no hacen suficiente actividad física. En lugar de aumentar los sueldos y mejorar las condiciones laborales, las corporaciones pagan a sus empleados la membresía en el gimnasio y los mandan a cursos de alimentación sana.

En tiempos de neoliberalismo, las diferencias de clase se entienden cada vez más como diferencias en el estilo de vida. El éxito está asociado a tener una apariencia joven, estar en forma y comer sano. Esta moral del éxito está muy alimentada por los medios. En cualquier revista nos bombardean con artículos sobre cómo bajar de peso, entrenar para una maratón o cambiar la imagen a través de la vestimenta. Algún que otro famoso o famosa que ha conseguido bajar algunos kilos se transforma en héroe. Los medios también nos dan la posibilidad de consolarnos en nuestra holgazanería. Los ingleses, que son demasiado flojos como para salir a correr por las mañanas, se consuelan por las noches mirando el programa *Embarrassing Bodies* [*Cuerpos que avergüenzan*], donde ven que aún no son tan gordos como quienes aparecen en ese *reality show*.

Quienes trabajan en cárceles suelen decir que de lo que más se quejan los reclusos es de la comida. Por mucho que la administración se ocupe del comedor, siempre habrá quien esté disconforme con lo que hay en su plato. En las escuelas y en los comedores de las fábricas ocurre lo mismo. Cuando tenemos pocas posibilidades de influir en el entorno en que estamos atrapados, la comida adquiere un sentido emocional particular. Por un lado, parece que en tiempos en que podemos influir en tan pocas cosas por fuera de nosotros, controlamos al menos lo que ponemos dentro de nosotros; por otro lado, con las protestas sobre la comida, esperamos extraer algún disfrute de las personas que están en un lugar de poder. Y en casa, si no podemos alimentarnos con platos saludables y sabrosos, al menos podemos mirar por televisión los innumerables programas de cocina donde vemos cuáles se supone que son los platos saludables.

Jamie Oliver no es solo uno de los más ricos y famosos empresarios gastronómicos de Gran Bretaña, sino también una especie de gurú de la nueva moral alimentaria. Ha titulado "revolución alimentaria" a su avance sobre las instituciones que supuestamente preparan mala comida (las cárceles, las escuelas, los *pubs* locales), ha creado el "ministerio de alimentación" y diseñado una "amnistía de comida chatarra" para los alumnos que están dispuestos a abandonar voluntariamente los alimentos no saludables y cambiarlos por alimentos sanos.

Este discurso revolucionario que utiliza Jamie Oliver contribuye bien poco a los cambios reales en la sociedad. En este tipo de programas de televisión se apela a que las personas se sientan horrorizadas por lo que comen los otros, porque no saben cocinar, porque alimentan mal a sus hijos y demás. Las diferencias de clase quedan solapadas por la diferencia entre el estilo de vida saludable y el no saludable. El ministerio de alimentación de Jamie Oliver viene como anillo al dedo al ministerio de Gran

Bretaña, porque traslada la cuestión de los urgentes cambios sociales que podrían hacer posible la disminución de la brecha entre clases a la cuestión de los comedores, la pasión por los cursos de cocina y reemplaza así el compromiso político.

En su libro *En torno a lo político,* Chantal Mouffe subraya que hoy el discurso político es reemplazado cada vez más por el discurso moral, es decir que la política hoy se enmascara con un registro moral. Hablamos de la inmoralidad de las grandes ganancias empresariales y no de la política que nos condujo hasta allí. La moralización del estilo de vida, los sentimientos de culpa que surgen en las personas que no se ocupan lo suficiente de sí mismas y la indignación ante los holgazanes alientan fuertemente la ideología de la eficiencia que está sobre todo al servicio de los intereses del capital.

Cuando los países evalúan la prosperidad de las personas a través del precio de sus carritos de compras, ¿quién controla la calidad de los productos de esos carritos? ¿Y quién informa a las personas qué es sano y qué no en el carrito? La organización sin fines de lucro Food Ethics Council, de Gran Bretaña, hace tiempo señala que las personas reciben la información sobre todo a través de la publicidad de ofertas de los fabricantes, que es muchas veces engañosa, y cada vez se reduce más la influencia de los organismos estatales en el control de la calidad de los alimentos y los suplementos dietarios. Investigadores estadounidenses han publicado la alarmante noticia de que en ese país más de 20.000 personas por año llegan a las guardias de los hospitales por ingesta de vitaminas y suplementos dietarios. Los productos para un adelgazamiento veloz y los energizantes son los que mayores daños a la salud provocan, es decir, son los productos por medio de los cuales las personas llegarían por el camino más rápido al ideal de la eficiencia: con delgadez y con trabajo incesante.

Causó gran indignación entre los británicos que el líder del partido laborista Jeremy Corbyn se tomara vacaciones después de la campaña electoral y paseara un buen tiempo por las montañas de Escocia. Se esperaba que el nuevo líder de la oposición mostrara de inmediato mayor eficiencia que su predecesor. Los defensores de Corbyn señalaron que también la reina pasaba varias semanas en su residencia en Escocia y eso no le molesta a nadie.

En la historia del capitalismo, las vacaciones no se idearon para que las personas tuvieran algo más de placer en sus vidas, sino para que fueran más eficientes en sus trabajos. La idea consistía en que un período de ocio acotado proporcionaba la energía que las personas necesitaban para luego trabajar durante largas horas. Hoy en día, creemos que debemos estar siempre en acción. ¿Y adónde nos ha llevado este impulso por la eficiencia? A un agujero económico. El político británico Denis Healey popularizó alguna vez la primera ley de hoyos: "Si estás adentro de un hoyo, deja de cavar".

LA RELIGIÓN DEL AMOR Y EL MERCADO

¿Cuándo fue la última vez que le dijeron a alguien "te amo" sin agregar luego "eso siento ahora, pero mañana todo puede cambiar"? ¿O cuándo fue la última vez que afirmaron: "Estoy muy entusiasmada (o entusiasmado) con él (o con ella), pero hay que esperar una semana, porque para entonces probablemente el entusiasmo se me haya pasado"? Preguntas semejantes se hacen las protagonistas de *Sex and the City*. La característica de tales conversaciones sobre el amor es que están llenas de ironía. Parece que quien dice esas palabras intenta de algún modo protegerse de posibles decepciones. Aunque tenga una gran fe en el amor, con esa distancia irónica intenta impedir que él mismo o los otros se tomen demasiado en serio sus declaraciones sobre el amor y luego, cuando el cuento de hadas se acabe, sus palabras de entusiasmo lo avergüencen.

Si hasta hace poco el amor era entendido como un encuentro místico en el que la razón nos abandona y el enamorado cae en una suerte de locura temporaria, hoy, bajo el predominio de la ideología capitalista de la elección racional, el amor es un problema. Aunque la sociedad contemporánea ha conservado el ideal del amor supremo, la forma de encontrarlo ha cambiado en forma radical y con ella, indirectamente, también la relación con el presunto significado de este ideal. En otro tiempo, el encuentro con el gran amor estaba asociado a un círculo acotado de personas conocidas. Dentro de ese círculo, el sujeto encontraba a alguien que era más o menos compatible con él. (Por supuesto, esta compatibilidad estaba muy ligada a intereses económicos o al interés de dar continuidad a la línea familiar). Las expectativas pasionales y sentimentales eran relativamente pequeñas. Igualmente pequeña era la posibilidad de cambiar de pareja. Claro que también en el pasado existió el amor ligado a encuentros casuales, que en el estilo de Ana Karenina marcaban el destino de sus protagonistas. Pero mientras que antes este tipo de amor predestinado era una rareza en la vida real y más frecuente en los sueños que con tanto acierto retrataba la literatura, en el mundo contemporáneo hay una suerte de demo-cratización de este ideal. Hoy existe la convicción de que todos podemos experimentar esos momentos mágicos si nos tomamos el tiempo para elegir y encontrar a la pareja ideal; y a la vez existe también la creencia de que podemos llegar a esos resultados sin pagar un alto precio, esto es, sin consecuencias catastróficas como las que a menudo aparecen al final de las grandes novelas de amor.

Desde siempre, el capitalismo se ha basado en la idea de que todos podemos tener éxito y de que el he-cho de proceder de un entorno difícil no puede ser en lo más mínimo un obstáculo para nuestro camino al éxito. Distintos *reality shows* y programas de búsqueda de ta-lentos han potenciado esta idea en el mundo contempo-ráneo. Esta ideología del éxito se basa en la misma lógica que los juegos de azar o la lotería; aunque estadísticamen-te está claro que el sujeto tiene muy pocas probabilidades de ganar y la casa obtiene el mayor rédito (o el productor de los *reality shows*), el sujeto persevera en su esperanza de quizá alguna vez lograrlo. (La paradoja de los que al-guna vez se han sacado la lotería o han ganado en un *reali-ty show* es que el éxito muchas veces resulta su perdición, y hacen todo lo posible por anularlo luego: gastan todo el dinero, se enemistan con la familia, con los amigos, se entregan al alcohol y demás).

Resulta paradójico que en el capitalismo la fe en el éxito se haya trasladado a la forma de entender las emo-ciones y en especial la vida amorosa. Aquí también existe la convicción de que el gran amor está al alcance de todos y cada uno, siempre y cuando uno se esfuerce lo necesario para encontrarlo y no se conforme demasiado pronto con lo que tiene. Esta fe tiene todas las características de la fe religiosa. La socióloga israelí Eva Illouz, que investiga la influencia de la ideología capitalista en los procesos emocionales, ha elaborado la tesis de que el amor es hoy entendido como la última forma de religión en la que las personas creen de manera incondicional. Pero al contrario de otras religiones, esta última no se basa en la idea de entrega y alianza, sino en la idea del encuentro amoroso pleno, que no bien deja de tener rasgos de embelesamiento, exige la búsqueda de un nuevo objeto con el cual este encuentro pleno pueda repetirse.

¿Cómo se vincula la idea de que el amor es una nueva religión con la idea de que en el capitalismo la nueva religión es en realidad el mercado? Se trata de lo que postuló a mediados del siglo pasado el filósofo alemán Walter Benjamin; por su parte, el columnista de *The Guardian,* Aditya Chakrabortty, compara la fe en el poder divino del mercado con la fe en las —a menudo crueles— divinidades premodernas. ¿Qué tienen entonces en común la concepción religiosa del amor y del mercado? Cuando en Gran Bretaña asumió un nuevo gobierno, la mayoría de los comentarios tendían a preguntarse qué quería el mercado, cómo iba a reaccionar ante el nuevo gobierno y en especial si el mercado podría castigar a los políticos en caso de que fueran demasiado indecisos. La forma de religión que aparece aquí recuerda a las caprichosas divinidades a las que la gente no se atreve a ofender y por eso adora a sus ídolos e intenta descifrar las señales que indiquen cuándo los dioses pueden enojarse y castigarlos. Los antropólogos han descubierto que el poder de la fe en tales divinidades radica en que las personas dan forma a una serie de símbolos que luego los ayudan a organizar la forma en que conciben su existencia. Si hoy concebimos al mercado como instancia todopoderosa y omnisciente que parecería funcionar por principios ocultos pero lógicos, con esta creencia organizamos la forma en que nos entendemos a nosotros mismos.

Ya que en las últimas décadas, en especial en la teoría económica, ha estado vigente la idea de la organización racional de los mercados, la casi absoluta previsibilidad estadística de sus oscilaciones y, asociada a lo anterior, la teoría de la elección racional de los actores en el mercado, no es extraño que esa concepción del mundo que nos circunda se haya trasladado también a la concepción de las emociones, en particular el amor. Las nuevas tecnologías han cambiado en forma drástica la vida amorosa de las personas. Han radicalizado la idea de que el sujeto es capaz de elecciones racionales y de mejorar todo el tiempo su vida amorosa. Así como en otros aspectos la ideología capitalista nos convence de que podemos mejorar nuestras condiciones de vida con una pequeña inversión, en el aspecto emocional también se ha formado la imagen de que con la estrategia adecuada es posible alcanzar nuevos apogeos. Además, la idea de que es posible llegar a la mejor elección está vinculada a la idea de que los sujetos en los que invertimos nuestras emociones son intercambiables al infinito. Las nuevas tecnologías han diseñado diversas herramientas virtuales que posibilitan a los sujetos medir su satisfacción con la elección y comparar una y otra vez las cualidades de las personas con las que se proponen formar un vínculo amoroso. Si observamos los diversos tests que ofrece Internet para ayudar al sujeto a formarse una opinión sobre si su vida amorosa es satisfactoria o no y hacia dónde va, veremos que la idea de lo medible ha llevado a creer que hay determinadas cualidades personales fácilmente ponderables.

Si en relación con el mercado tenemos fe en el poder caprichoso de dioses que dominan el mundo, en relación con el amor tenemos fe en la unión mítica y todopoderosa con la otra persona, que transforma por completo la vida del sujeto, le otorga infinito poder y le abre las puertas a la tierra prometida de la felicidad. Esa visión de la naturaleza religiosa del amor está muy bien representada en la última película de Shrek, *Shrek para siempre*. Aquí Shrek atraviesa una especie de crisis de la mediana edad. Después de salvar con un beso a la princesa Fiona de la tortura de una vida de encierro en la torre, ha formado una familia llena de amor. Pero tres niños gritones y los quehaceres de la vida diaria pronto se vuelven demasiado para él. Una vez más, quiere vivir al menos por un día su antigua vida de ogro temido por todos cuando aún no era un domesticado padre de familia. Cuando Rumpelstiltskin lo seduce para que firme un contrato que lo lleve de vuelta al pasado, empiezan a sucederse las catástrofes. Pronto Shrek se da cuenta de que ha cometido el mayor de los errores, y espera que sea posible volver a su vida cotidiana. La solución a esta confusión es volver a besar a Fiona. Pero ella se ha vuelto una combatiente revolucionaria que no lo reconoce ni muestra el menor interés por él. Cuando consigue besarla por la fuerza, no ocurre nada sobrenatural. El beso no funciona porque Fiona no lo ama. Solo cuando Shrek atraviesa diversas pruebas y demuestra que es fuerte y bueno ocurre el verdadero beso de amor que impide su completa destrucción. El amor entre Shrek y Fiona vuelve a surgir y al final se restablece el estado originario de armonía.

Este cuento infantil presenta al amor como algo parecido a la religión, al igual que el mercado es hoy entendido como religión. No se trata solo de que el amor se entienda como algo que cambia la realidad. El problema radica en que rebelarse ante la realidad que ha creado el amor significa el riesgo de destruirse. Shrek no solo busca sin pausa la felicidad y cree en el completo poder del amor, es además su prisionero. Cuando intenta rechazarlo por un día, ocurre una catástrofe que puede costarle la vida. Del mismo modo, hoy el creyente en el mercado tiene un miedo incesante de los dioses, que pueden conspirar si no se escucha al mercado, si no se adivina siempre qué quiere el mercado, qué puede enfurecerlo y volverlo malvado e intolerante. Precisamente ese constante adivinar lo que el dios quiere y el temor de enfurecerlo con nuestros actos son el mayor poder de las religiones. El poder del capitalismo contemporáneo es que el dios del mercado ha encontrado su pareja en el dios del amor: el sujeto se ha vuelto así el servidor ideal, que no deja de intentar adivinar qué es lo que estos dos dioses quieren.

IGNORANCIA DELIBERADA

En las elecciones locales, los eslovenos preferimos elegir alcaldes procesados por la justicia. Algunos incluso han sido condenados con todo el peso de la ley. Mientras nos juramos que la lucha contra la corrupción es una de las máximas prioridades del país, es increíble que tantos votantes apoyen a candidatos que son nada menos que los maestros de las más variadas y sucias negociaciones. Si se les preguntara a los votantes de estos alcaldes qué piensan sobre la corrupción, con seguridad la mayoría diría que hay que desterrar la corrupción por todos los medios. ¿Cómo es posible entonces que aun así hayan elegido la lista del candidato sospechoso de corrupción o cuya corrupción ha sido incluso probada? ¿Realmente convencen a los votantes los puentecitos nuevos, el césped con bonitas formas y los nuevos centros comerciales que estos alcaldes han construido? Como en sus ciudades las cosas se ven más atractivas por fuera, ¿han cerrado los ojos sin más ni más y no se preguntan de dónde viene esta belleza? Olvidaron con toda facilidad el endeudamiento, la extorsión y los negocios sucios que en muchos casos fueron parte del opaco trasfondo de resplandecientes construcciones, y deseosos de que se siguiera construyendo algo bonito, confirmaron al antiguo alcalde sin que los molestaran demasiado los litigios de aquel contra los molinos de la justicia.

Ya hemos visto en el pasado formas parecidas de fascinación por el desarrollo de una ciudad. En el año 1938, los habitantes de Linz estaban llenos de optimismo. Hitler consideraba esta ciudad como su lugar. Diseñó para ella un nuevo puente, un nuevo palacio municipal, nuevos edificios para su partido político y también un nuevo museo y dos grandes monumentos: uno en honor al compositor Anton Bruckner y otro para celebrar el Anschluss. Los habitantes de la cercana Mauthausen también estaban llenos de optimismo, porque también esta ciudad comenzó a desarrollarse con rapidez. En efecto, la construcción del campo de concentración trajo muchos nuevos empleos y ocupación para los trabajadores de la construcción locales. Cuando en agosto de 1938 empezaron a llegar los primeros prisioneros, la mayoría de los habitantes de la ciudad simplemente miraron para otro lado. Algunos incluso se quejaban porque tenían que ver desde sus viviendas a los prisioneros moribundos. Una campesina incluso escribió una carta al gobierno comunal, diciendo que le molestaba que los prisioneros a los que les habían disparado, que aún mostraban signos vitales, estuvieran tendidos a veces durante varias horas junto con los muertos. Exigía al gobierno comunal que terminaran con estos actos inhumanos o que los llevaran a cabo donde los habitantes no los vieran.

Los estudios sobre la ignorancia deliberada en la actualidad se ocupan en gran medida de la cuestión de en qué momento los sujetos de alguna organización no ven alguna cosa. Margaret Heffernan, en su libro *Wilful Blindness: Why We Ignore the Obvious at Our Peril* [*Ignorancia deliberada: Por qué en nuestro perjuicio negamos lo obvio*], plantea cómo es posible que ninguno de los empleados de Enron haya levantado la voz cuando ya era más que evidente que la conducción alteraba los datos contables. (Del mismo modo, en el caso de los alcaldes eslovenos acusados y sentenciados por corrupción, no parece posible que ninguno de sus subalternos haya dicho una palabra cuando el alcalde comenzó a pescar en aguas revueltas).

A fines de los años sesenta, los psicólogos Bibb Latané y John Darley reunieron voluntarios para responder a una encuesta. Los pusieron en algunas habitaciones de a uno, en otras de a dos y en otras de a tres. Mientras completaban la encuesta, una capa de humo comenzaba a extenderse por la habitación. Los investigadores querían averiguar en qué momento los participantes iban a reaccionar ante el humo y, sobre todo, si reaccionarían antes los que estaban solos o los que estaban con más personas en la habitación. Los resultados de la prueba fueron asombrosos. Los voluntarios que estaban solos por lo general advertían el humo apenas después de dos minutos; empezaban a buscar de dónde salía y trataban de hacer algo al respecto. Pero si en la habitación había más personas, la reacción ante el humo era bastante más lenta. Entre los participantes que estaban en la habitación con uno más, solo uno de diez dio la voz de alarma; los demás siguieron completando la encuesta en medio del humo tranquilamente mientras se les deshacían los ojos en lágrimas y hacían de cuenta que no pasaba nada. Las cosas eran aún peores si en la habitación había tres personas. En ese caso, después de cuatro minutos, solo uno de veinticuatro participantes avisó que en el cuarto había humo; los demás completaban en silencio la encuesta aunque no veían casi nada.

Después de este experimento, muchos otros investigadores analizaron el llamado "efecto espectador": por qué las personas reaccionan mucho más tarde cuando están en grupo que cuando están solas. Cuando estamos en grupo, resulta mucho más fácil negar algo que cuando estamos solos. En el grupo observamos qué van a hacer los otros y sin duda confiamos en que los otros hagan algo. En grupo, nuestra ceguera obedece también a que tenemos miedo de que nuestra reacción ante los otros genere desaprobación, por eso preferimos callar en lugar de mostrarnos en pánico o equivocarnos si el peligro al fin y al cabo no fuera tal.

En la vida cotidiana también nos enfrentamos a la ignorancia deliberada, en ocasiones con toda intención. Richard Tedlow menciona el caso de una pareja que se peleaba mucho por la enfermedad de la esposa. Cuando fue claro que la enfermedad era incurable, la pareja decidió que pasaría los fines de semana sin enfermedad. Acordaron que todos los viernes empezarían a comportarse como si la enfermedad no existiera. Pactaron evitar la discusión sobre la enfermedad y su cura, y se comportaban como si la muerte no estuviera a la vuelta de la esquina. Tuvieron tanto éxito con este juego que los fines de semana se volvieron islas de "normalidad" en una situación terrible.

En este caso el "como si" le dio a la pareja al menos algunos momentos para alejarse de la muerte próxima. En muchos otros, en cambio, cerrar los ojos ante lo que viene da como resultado que toda la sociedad persevere en determinado fantasma que impide cualquier tipo de cambio. Por ejemplo, Tedlow advierte sobre el peligro de la negación de los responsables de finanzas que en busca de objetivos a corto plazo ignoran las consecuencias a largo plazo de sus especulaciones financieras.

En general, negar y taparse los ojos se entiende como una forma de eludir algún trauma o como una manera de crear fantasmas a través de los cuales podamos ver el mundo como lo deseamos. El político británico lord Molson es famoso por su frase: "Analizaré todas las pruebas adicionales que confirmen la opinión que me he formado".

En su libro *Whistleblowers: Broken Lives and Organizational Power* [*Soplones: Vidas destrozadas y el poder de las organizaciones*], Fred Alford intenta responder qué ocurre cuando, en los grupos, hay personas que empiezan a llamar la atención sobre los errores. Toma como ejemplo a un químico estadounidense que trabajaba en una agencia para la protección del medioambiente y su superior le impidió durante mucho tiempo que atestiguara en una investigación que podría haber descubierto que la agencia cometía errores en la supervisión de la calidad del agua en las proximidades de un vertedero de desechos tóxicos. En un cierto punto, el químico decidió que advertiría sobre el tema a un político de alto rango en el Estado. Pronto fue sancionado y perdió el empleo. Cuando presentó una demanda y ganó el juicio, aunque la agencia le devolvió su empleo, no le asignaron ninguna tarea. Le dieron una oficina que era una especie de agujero y que antes había estado destinada a guardar electrodomésticos y artículos de limpieza. Alford describe muchos escenarios pesimistas parecidos, en los que aquellos que señalaron un problema fueron cruelmente castigados, excluidos o no pudieron encontrar otro empleo porque en la empresa anterior señalaron una falta.

En muchas organizaciones donde era evidente que habían ocurrido situaciones problemáticas, resultaba claro para los trabajadores que era mejor no hablar de cuestiones éticas. El lema era: "No hables de cuestiones éticas y ni siquiera digas que de las cuestiones éticas no se habla".

Muchas veces, la paradoja de la sociedad contemporánea no es que no se hable de cuestiones éticas, sino que se habla de ellas sin cesar y es justamente este constante hablar del tema lo que da licencia para que nada cambie en la realidad. Mark Twain dijo alguna vez que para tener éxito en la vida hace falta tener la capacidad de la ignorancia y de la confianza en sí mismo. Por desgracia, los dirigentes —que tienen de ambas en abundancia—, seguirán en el poder sin importar cuánto se diferencien sus actos de las estentóreas palabras que pronuncian.

La ética

LA MENTIRA Y LA VERGÜENZA

POR LO GENERAL, LOS niños pequeños pasan por un período en el cual comienzan a mentir y a veces también a robar alguna que otra cosa. Cuando vuelven a casa del jardín sacan misteriosamente del bolsillo algunos cubos que juntaron allí. O luego de visitar a un amigo cae de pronto del puño del nene un autito que no es de su propiedad. Cuando los padres descubren la travesura, por lo general exigen del niño que devuelva el juguete de inmediato y que pida disculpas. Habitualmente el niño farfulla algún cuento: que los cubos cayeron solos en el bolsillo o que el autito se le quedó en la mano por casualidad, y después de un tiempo devuelve los juguetes con la cabeza gacha. Tal vez consigue balbucear una disculpa con los ojos bajos y espera que todos los involucrados olviden el incidente con rapidez. Por lo general los padres se preguntan preocupados si acaso su hijo se estará volviendo cleptómano, y los consuela el hecho de que el niño muestre signos de vergüenza. Entonces hay esperanza de que tal vez haya internalizado ciertas reglas morales de la sociedad y se vuelva una persona responsable que sabrá respetar las reglas. Por eso no sorprende que si se les pregunta qué es lo que más valoran en su mejor amigo, muchos niños en los primeros años de la escuela primaria respondan que no miente y no roba.

Puede ocurrir que ese niño, cuando crezca, se vuelva muy hábil en la mentira y el robo —al menos mientras no lo pesquen—. Incluso puede que aprenda a ser muy eficaz en la mentira porque es parte de su trabajo y que tenga varios asesores para hacerlo de la manera más exitosa. La cuestión es si entonces le dará algo de vergüenza. Quizá abandone por completo la vergüenza y paradójicamente los avergonzados sean sus subordinados o aquellos a quienes ha estafado.

Si el niño se vuelve un empresario o un político, es probable que aprenda a diseminar la mentira con la ayuda de distintos asesores de relaciones públicas. La ironía quiso que el sobrino de Freud, Edward Bernays, fuera el fundador de lo que hoy se conoce como relaciones públicas. Su libro *Propaganda*, publicado en 1928, sentó las bases para persuadir a la gente de comprar tales o cuales productos o apoyar a determinados políticos. Además, Bernays es conocido en especial por haber hecho posible que las mujeres fumaran a comienzos del siglo pasado. La idea de su publicidad para Lucky Strike era que fumar estaba ligado a la libertad. La publicidad exhibe el derecho de la mujer a fumar como uno de los mayores logros de la democracia. Bernays es también conocido porque en la campaña de Woodrow Wilson acuñó la idea de que si utilizamos con éxito la propaganda durante la guerra, debemos utilizarla con un éxito aún mayor durante la paz.

Más tarde, con el ascenso del comunismo, por causa del significado negativo que adquirió la propaganda, Bernays cambió el término por "relaciones públicas". Su tesis principal era que la manipulación del consenso social es la esencia de la democracia, porque esta última está vinculada a la libertad de persuadir y sugerir.

Bernays se destacó en especial por sus consejos acerca de cómo mentir con éxito en la propaganda. Su primer consejo es: cuando intentamos probar algo que los demás nos refutan, es necesario mentir en todo momento. En efecto, las víctimas tienden a creer más las mentiras si las oyen muchas veces. El segundo consejo es que el mentiroso jamás tiene que prestarse al debate; el tercero, que si se lo confronta con la prueba que revela la mentira, no debe empezar a discutir, sino que debe atacar a quien ha presentado la prueba. Incluso si el contrincante tiene las mejores calificaciones, debe acusarlo de algo. Si, por ejemplo, la confrontación ocurre durante una entrevista, es necesario saber que quien dice que tiene pruebas no podrá mostrarlas antes de que concluya la entrevista. De acuerdo con Bernays, es entonces cuando la maquinaria propagandística apela a la influencia a los medios, de modo que no dirijan la atención en absoluto a quien presenta las pruebas. Si es necesario, se puede amenazar a los medios con no volver a poner pautas publicitarias en ellos.

El buen mentiroso aprenderá también a mirar a los ojos al destinatario de sus mentiras, a no dar información innecesaria y sobre todo a economizar la verdad. Si, por ejemplo, un ladrón de automóviles niega con insistencia haber robado algún auto recientemente y le presentamos pruebas de que se ha apropiado de un camión ajeno, insistirá en que ha dicho la pura verdad, porque le hemos preguntado por automóviles, no por camiones. En la vida privada, las personas a menudo echan mano a una lógica similar. Por ejemplo: si la esposa pesca al marido en la cama con otra, el marido debe insistir a toda costa en que no ha ocurrido nada. Es necesario acusar a la esposa de haber fantaseado porque mira demasiadas telenovelas mexicanas, o afirmar que la mujer llegó a la cama por accidente, porque se equivocó de departamento.

El problema con las mentiras no es solo por qué alguien miente, sino también por qué los otros le creen con tanta facilidad. Muchas veces decimos que el mentiroso consuetudinario miente tanto que se cree sus propias mentiras. Esta observación contiene una pizca de verdad. Como afirmó el psicoanalista francés Jacques Lacan, en las personas no hay pasión por la verdad. Al contrario, parecería que los mueve la pasión por la ignorancia, por la negación de la verdad. Este tipo de negación puede llegar a tener efectos benéficos. Hay investigaciones científicas acerca de cómo la negación de la enfermedad influye en la supervivencia de las personas. En un grupo de personas que sobrevivieron a infartos de corazón, se detectó una diferencia significativa en la sobrevivencia de quienes siguieron ocupándose de la enfermedad e intentaron impedir un nuevo infarto, y los que se olvidaron del infarto y no se agobiaron demasiado con la enfermedad. Las personas que negaron la enfermedad vivieron bastante más que aquellas que la tenían todo el tiempo en la cabeza.

La negación de la verdad es clave también en el plano social. Los sistemas comunistas se basaban muy especialmente en que la verdad no fuera pronunciada. Aunque mucha gente no creía en el régimen, no expresaba su desconfianza en público porque, por un lado, suponían que tal vez había algún otro que creía en la verdad y, por el otro, para su autopercepción era clave creer en la sociedad como un todo organizado. La misma lógica se aplica en el cuento de los aldeanos que ven al rey desnudo. Durante bastante tiempo fingen no verlo. Solo cuando aparece alguien que grita en público que el rey está desnudo ya no pueden seguir negando la verdad.

¿Cómo se relaciona la vergüenza con la mentira? Puede ocurrir que, sinceramente, nos dé vergüenza haberle mentido a alguien. Puede ocurrir que mintamos porque sentimos vergüenza. Lo saben muy bien los niños cuando se enfrentan a la violencia en la familia. Muchas veces, justamente porque sienten vergüenza, niegan que en sus familias estén ocurriendo cosas terribles.

La vergüenza es un sentimiento importante también en el plano social más amplio. Si ocurre algo escandaloso en la sociedad, podemos negar el hecho —igual que con la violencia en la familia—, podemos encontrar variadas justificaciones o echar mano de alguna teoría conspirativa, solo para conservar la ilusión que tenemos sobre la sociedad. Puesto que todos los países —sin importar cuán pequeños sean— construyen mitos sobre su importancia, su belleza y sus especificidades, es muy necesario para las personas no ver a su patria con malos ojos. Lo mismo ocurre cuando nos da vergüenza que la patria sea el hazmerreír en el extranjero: tenemos vergüenza sobre todo ante los ojos de los demás.

Quien se avergüenza tiene por lo general la cabeza gacha y mira hacia el suelo. Como si no quisiera que los demás lo vieran y a la vez no quisiera mirarlos. En muchas culturas, cuando las personas se encuentran con la autoridad, deben bajar la mirada. Mostrar respeto significa no mirar el papel simbólico que la autoridad representa, hacer de cuenta que no advertimos que el rey está desnudo.

Un sentimiento excesivo de vergüenza puede ser muy malsano para el sujeto, pero para la sociedad como tal es problemática la falta de vergüenza. Muchos grandes dictadores de la historia no manifestaron ningún sentimiento de culpa ni vergüenza por sus actos. Por lo general, tampoco los jefes de diferentes cultos muestran vergüenza. En Gran Bretaña, el gobierno incluso encargó un estudio para infundir en los criminales un mayor sentimiento de vergüenza.

Bernays no se ocupó de la cuestión de si en la sociedad hay demasiada vergüenza o demasiado poca porque, en su opinión, el ciudadano común es el censor más eficaz del mundo: "Su propia mente es la mayor barrera entre él y los hechos. Su propio 'compartimento a prueba de lógica' y su propio absolutismo son los obstáculos que, a la hora de decidir, le impiden considerar sus propias experiencias y juicios en lugar de seguir al grupo".

Durante la Segunda Guerra Mundial, Goebbels era un gran entusiasta del trabajo de Bernays. Y, sin embargo, la estrategia de relaciones públicas de Bernays sigue en plena vigencia hasta el día de hoy.

CRISIS DE CONFIANZA

En una de mis clases a estudiantes de posgrado me sorprendió profundamente que cinco de veinte estudiantes afirmaran que su mejor amigo era el perro. Cuando pregunté por qué, recibí una serie de explicaciones acerca de que hoy en día ya no se puede confiar en las personas, de que el perro sí es de verdad sincero, leal y cosas por el estilo.

¿Acaso tenemos hoy demasiadas expectativas puestas en la confianza? Cuando escuchamos que en la sociedad hay una gran crisis de confianza, es bueno preguntarse hacia dónde nos conduce desconfiar de la confianza. El hecho de que las personas tengan cada vez menos confianza unas en las otras, y en particular en las autoridades que están en el poder, ha alentado un gran desarrollo de la industria que hace posible la vigilancia. Así, las personas controlan a través de videocámaras a las niñeras en casa, observan por las computadoras cómo se comportan las maestras con sus pequeños en el jardín de infantes, las parejas revisan uno al otro las computadoras y teléfonos celulares. Las empresas usan tecnología de punta para observar si la gente efectivamente trabaja. Y en las universidades de Eslovenia, los padres de los estudiantes incluso piden reuniones con los docentes para vigilar de cerca el trabajo de los hijos.

En el plano social, esta obsesión con el control ha llevado a la criminalización de la vida cotidiana. Antes era cierto que el sujeto era inocente hasta que se probara su culpabilidad; hoy es exactamente lo contrario: el sujeto es concebido en principio como delincuente, y su obligación es probar su inocencia. Por causa de la inversión de la relación de la presunción de culpa e inocencia tenemos un desarrollo similar de la aseguración. No se trata tan solo de la clásica aseguración que firmamos como víctimas o causantes potenciales de algún accidente, sino también de variadas formas de aseguración, como el acuerdo prenupcial o el consentimiento informado que debemos firmar antes de intervenciones quirúrgicas o estudios de diagnóstico médico.

Hace años, el conocido criminalista noruego Nils Christie se preguntaba por qué había aumentado tanto el delito en Noruega en las últimas décadas, si al mismo tiempo había aumentado mucho el estándar de vida y es sabido que Noruega es un país relativamente pacífico, con pocos conflictos internos. La respuesta de Christie fue que en realidad no podemos decir que los noruegos se hubieran vuelto de pronto delincuentes mayores, sino que tan solo habían comenzado a utilizar otros mecanismos para enfrentarse con el delito, porque las personas cada vez se conocen menos entre sí y también confían menos las unas en las otras. Digamos, por ejemplo, que en el pueblo hay un ladrón de gallinas. En el pasado, los aldeanos seguramente habrían sabido que el ladrón era tal vez una persona algo perturbada o que estaba atravesando una situación difícil en la vida. De alguna manera lo habrían castigado o le habrían hecho una fuerte amonestación para que no lo hiciera más en el futuro. Hoy, por supuesto, se denunciaría al ladrón de gallinas a la policía. Y si hubiera robado muchas, la policía empezaría con el procedimiento legal… y por supuesto las estadísticas mostrarían que el delito ha aumentado.

¿Qué nos dice sobre la confianza este aumento de denuncias a la policía? Si antes de que "la emprendieran" contra el ladrón de gallinas o contra cualquier otro que les provocara un daño, les preguntáramos a las personas de manera neutral si confían en la autoridad, como son la policía o la justicia, muchos de ellos responderían que no. Pero cuando a ellos mismos les ocurre algún perjuicio, llaman sin problemas a la policía o presentan una demanda judicial. Cuando la filósofa británica Onora O'Neil investigaba el problema de la confianza, notó esta misma dualidad. Descubrió que la gente muchas veces decide acudir a aquellos de quienes ha afirmado antes que no confiaba en ellos. La gente dirá que no confía en la industria alimentaria o en la policía, pero luego irán a comprar comida al supermercado o ante el menor problema llamarán a la policía. De modo que existe una gran diferencia entre lo que decimos —que no confiamos en los otros— y nuestros actos —con los cuales demostramos confianza—. Esta diferencia entre las palabras y los actos es evidente en especial en relación con los médicos. Cuando estamos sanos, podemos sermonear hasta el infinito que no hay que confiar en los médicos; pero cuando nos enfermamos acudimos a ellos a toda velocidad.

¿Qué ocurre entonces con la así llamada crisis de confianza de la sociedad contemporánea? Onora O'Neill la considera una suerte de postura, que es parte de la cultura contemporánea de la duda. Una parte de esto último es también la obsesión por la responsabilidad, que se promueve como forma de evitar la deshonestidad. El deseo de reducir la deshonestidad con un control cada vez mayor de carácter profesional nos ha llevado por el camino equivocado. Entendemos la crisis de confianza como una enfermedad de la sociedad contemporánea y la tratamos con el remedio del mayor control y la exigencia constante de nuevos mecanismos de evaluación. La paradoja consiste en que hemos comenzado a tratar una enfermedad ficticia con un medicamento que no traerá nada bueno.

En este deseo por impedir la desconfianza hay mecanismos de control muy terribles, que se basan en la autoevaluación del éxito. Pongamos por caso que en una empresa llaman a un trabajador para que ponga por escrito la evaluación de su propio trabajo. Como su evaluación se va a comparar con la evaluación que de él haga su jefe, el trabajador estará en graves problemas para decidir si debe ser sincero y en qué medida. Si escribe que es excelente en todos los aspectos, puede ser castigado por no ser crítico. Si escribe que su trabajo tiene altibajos, puede ser castigado también porque no es excelente.

Hay una dificultad particular con la confianza en el conocimiento científico: pasamos rápidamente de una confianza primaria y ciega en la ciencia a la completa desconfianza o incluso a la paranoia. Pongamos por caso que se pregunta a la gente si cree en una determinada afirmación, por ejemplo, que el brócoli es perjudicial. La mayoría de los encuestados dirá que no lo cree. Pero si abonamos la pregunta diciendo que una reciente investigación científica ha demostrado que sí, entonces la mayoría cambiará su opinión. Sin embargo, esa creencia ciega pronto puede trocarse en paranoia. Las personas pronto pueden darle la espalda a la ciencia y comenzar a preguntarse qué intereses se ocultan tras la afirmación anterior. Algo similar ocurrió con la infortunada gripe H1N1. Junto al gran temor inicial de que se tratara de una pandemia de proporciones excepcionales, existió una gran fe en que la ciencia descubriera la vacuna adecuada. Hubo pocas preguntas sobre cuáles serían los efectos secundarios de la vacuna o sobre cómo funcionaba. Se la aceptó como una sustancia todopoderosa y de eficacia permanente. Cuando cedió el temor y se puso de manifiesto que la gripe no iba a ser tan grave, apareció la paranoia: qué contenía la vacuna, qué efectos secundarios provocaba, qué intereses económicos tenía la industria farmacéutica y demás. Con el entusiasmo ante el posible descubrimiento de la vacuna, el público no se hizo en absoluto estas preguntas, completamente legítimas, y de pronto aparecieron y contribuyeron mucho al aumento de una enorme desconfianza en la industria farmacéutica y en la política que alentó la vacunación.

El problema de la cultura de la desconfianza es que, por un lado, la gente tiene expectativas infantiles de que pueda existir una completa garantía del desempeño de los demás; por el otro, los medios incentivan cada vez más la desconfianza. De modo que alentar la angustia y la paranoia se ha vuelto algo rutinario en los medios. Los programas de televisión que utilizan detectores de mentiras alientan también la ilusión acerca de la posibilidad de un completo control sobre la sinceridad de los demás.

La fe en la sinceridad es muchas veces un fantasma necesario, que posibilita algún acontecimiento social. En especial resulta peligroso que los políticos empiecen a mostrarse como personas dignas de absoluta confianza, o que declaren que sus afirmaciones son completamente honestas. En efecto, si alguien dice la verdad, en general no tiene la necesidad de subrayar que no está mintiendo en absoluto.

Cuando abordamos el problema de la confianza con un control cada vez mayor no logramos más que aumentar la paranoia y el temor. ¿Cómo enfrentarnos entonces con el problema de la confianza? La mejor respuesta la ha dado el escritor inglés Samuel Johnson, cuando escribió que es preferible haber sido traicionado alguna vez que no haber confiado jamás.

MORALIZAR ENTRE MUROS

Todos los días nos enfrentamos a situaciones en las cuales tenemos que limitar nuestra codicia y pensar en el bien de los otros. Por ejemplo, la persona que encuentra en el cajero automático el dinero que su predecesor se olvidó de llevarse, seguramente dudará qué hacer por una fracción de segundo. Si el predecesor olvidadizo aún está al alcance de la vista, se lanzará tras él y le devolverá el dinero. Muy probablemente, este último quedará sorprendido por el amable gesto. Puede ocurrir que la persona que cordialmente ha devuelto el dinero lo hiciera porque ella misma había recibido el mismo amable gesto y a la vez esperara que el sujeto a quien le ha alegrado el día con su amabilidad haga lo mismo con otros. Si tal vez la persona que devuelve el dinero está con su hijo, es posible que el gesto amable sea para mostrarle en qué consiste en los hechos el comportamiento moral que trata de inculcarle. Sin duda, también es posible que el sujeto tenga altos valores morales que sigue todo el tiempo y ni se le pase por la cabeza quedarse con el dinero.

¿Por qué las personas respetan ciertos principios morales y siguen ideales de justicia social? Sigmund Freud llegó a la conclusión de que en el comportamiento del sujeto es clave la expectativa acerca de cómo reaccionarían los otros en una situación determinada. En su explicación acerca del comportamiento colectivo, Freud partió del supuesto de que la base de la justicia social es que el sujeto se modera con la esperanza de que por su ejemplo se moderen también los demás. Decido no hacer cosas perjudiciales para la sociedad con la expectativa de que los otros sigan mi ejemplo y tampoco ellos hagan cosas que al fin y al cabo pueden perjudicarme también a mí.

Investigadores posteriores del comportamiento colectivo advirtieron que el entorno también influye en la medida del daño que las personas provocarán. Si, por ejemplo, las personas viven en una zona limpia de la ciudad, donde no hay basura en las calles, ellos tampoco van a arrojar desperdicios al suelo. En cambio, si ven desechos a su alrededor, no va a molestarles en absoluto contaminar el entorno. Una de las teorías llamadas de las ventanas rotas sostiene que el comportamiento de las personas cambia de manera radical si en el vecindario las ventanas rotas y la basura desparramada se arregla y limpia con rapidez. En caso contrario aumentan las ventanas rotas y los desperdicios.

Desde los primeros tiempos del capitalismo y en adelante, las sociedades se han preguntado cómo se relaciona la aspiración a la riqueza con la moral y cómo se puede influir en las personas para que conserven la sensibilidad de unas por otras y por su entorno. Si bien el deseo de ingresos cada vez mayores está necesariamente ligado a la explotación, los grandes protagonistas de la ideología capitalista se preguntaban cómo mantener la cohesión social sobre la base de valores morales. Este deseo de cohesión no era algo abstracto, sino algo ligado al deseo de los capitalistas de vivir en un entorno razonablemente seguro. Los capitalistas tempranos abrevaron en la moral de las convicciones religiosas de su tiempo. En el siglo XIX se extendió profusamente el debate —sin solución hasta hoy— acerca de cuáles son las obligaciones del Estado hacia los ciudadanos y cuáles las de estos últimos hacia sus semejantes. La pregunta que surgió con fuerza en aquel tiempo fue si el sujeto está obligado a tomar en consideración a las buenas personas a su alrededor o si puede dar rienda suelta a su ambición. Mientras que los críticos de la ideología del *laissez faire* insistían en un sistema legal que apuntara a la distribución de la riqueza y a la intervención activa del Estado en la economía, los defensores del libre mercado consideraban que era suficiente con creer en las buenas intenciones de las personas y en las leyes universales de la retribución moral. Los libros de esa época, que daban consejos a los empresarios acerca de cómo comportarse, subrayaban la necesidad de tener firmes principios morales y de que su éxito estuviera siempre ligado velar por sus subordinados. También era muy fuerte la idea de que el sujeto exitoso era responsable por el bienestar de los demás, y en especial que debía devolver al menos una parte de sus riquezas a la comunidad de la que había surgido. Del mismo modo, los escritores de consejos morales para empresarios hacían graves críticas a la idea de que el éxito de alguien estuviera relacionado con el fracaso de muchas personas. Al contrario, su idea era que las posibilidades de éxito eran infinitas y que había lugar para que todos se destacaran. Los mayores optimistas explicaban que un éxito excepcional siempre conduce a otro, en especial si su protagonista es sincero en sus acciones. Sin embargo, con el tiempo este optimismo cedió y muchos libros cristianos que daban consejos para el éxito a los empresarios retomaron el pesimismo calvinista y comenzaron a subrayar que en el cielo hay un número limitado de lugares y que es imposible que todos sean exitosos en la vida de ultratumba. La idea de que en todos los campos hay vencedores y vencidos resultó cada vez más aceptada. Pero siguió siendo fuerte la convicción de que el sujeto en realidad no lucha con los otros sino consigo mismo y de que la vida consiste en vencer al propio enemigo interno.

Sin embargo, en los umbrales del siglo xx, la ideología del éxito cambió completamente. La concepción de que hay que aniquilar al adversario se volvió cada vez más aceptada. El éxito se asoció a la victoria sobre el otro y a la humillación del otro. El lenguaje de los libros para empresarios también cambió en ese momento. De pronto podemos leer que el negocio es una batalla y hay que cortar cabezas, arrancar cueros cabelludos, aniquilar al adversario y así siguiendo.

No obstante, la cuestión moral no se desterró por completo. La sociedad, que comenzó a entender el éxito como lucha incesante, quiso a la vez crear las condiciones para que existiera de todos modos el sentimiento de comunidad. En los Estados Unidos, en el paso del siglo XIX al XX, se gestó un movimiento urbano que intentaba embellecer las ciudades. Los urbanistas descubrieron que los nuevos asentamientos estadounidenses habían empezado a influir en forma muy negativa en la moral de las personas. El capitalismo salvaje había provocado un comportamiento a todas luces inmoral en los ciudadanos de las ciudades dormitorio, donde los habitantes no se encontraban y el paisaje era cada vez más parecido a ciudades del horror, sin centro, sin estética y prácticamente sin espacios comunes en la ciudad. La idea de los urbanistas estadounidenses fue por eso investigar qué tipos de construcciones urbanas influían en un comportamiento más moral de las personas y cómo era posible incrementar el sentimiento de pertenencia a la comunidad. Encontraron la respuesta tanto en las ciudades sudamericanas, que por lo general se construyen alrededor de grandes plazas públicas, como en las europeas, conocidas por sus bellas y ordenadas avenidas. En muchas ciudades estadounidenses comenzaron a construirse avenidas y plazas con la esperanza de que un bello paisaje urbano cambiara el comportamiento cada vez más amoral de las personas.

La reflexión acerca de los intentos de influir en las personas a través de las modificaciones del entorno existe también en el sistema francés de las llamadas huertas comunitarias. En muchas zonas de ciudades francesas han desarrollado pequeñas huertas entre las casas y las trabajan en conjunto. Las personas que pertenecen a esas cooperativas hortícolas deben respetar la regla de dejar la puerta de la huerta abierta mientras están en ella para que los transeúntes ocasionales puedan entrar y hacerles alguna pregunta.

Podemos completar la idea de Freud de que las personas se contienen con la expectativa de que se contengan también los demás con la tesis de que de la misma manera los sujetos abren el cerco con la esperanza de que también los demás lo abran.

En Eslovenia estamos muy lejos de tales reflexiones. Hace un tiempo, mientras paseaba por una de las montañas cercanas a Ljubljana, donde se multiplican las grandes haciendas como hongos después de la lluvia, me asombró un excepcional placer por la transgresión. En esa zona está oficialmente permitido construir solo pequeñas casitas con un ángulo de inclinación determinado para los techos. Y aunque la mayoría de los nuevos constructores respetó estas reglas en los planos, cuando comenzó la construcción se les encendió la llama y comenzaron a ampliar a lo ancho y a lo alto las casas según les parecía. El color de estas casitas es a menudo muy chillón —algunas parecen publicidades de chocolate Milka—. Aún más interesante resulta el hecho de que muchos constructores encuentran un enorme gusto en aumentar un poquito sus lotes a costa de sus vecinos o del espacio público. Como este placer por la transgresión es tan fuerte y tarde o temprano el que echa mano de la tierra de los demás empieza a temer que los demás echen mano de la propia, la gente construye altos muros e intentan protegerse de distintas formas de sus peligrosos vecinos. Luego, dentro de estas propiedades cerradas comentan horrorizados que hoy en día ya no hay moral que valga, que la sociedad está al borde de la ruina y que ya no se puede confiar en nadie. Tal vez, como en las huertas francesas, habría que abrir primero la puerta de vez en cuando.

AUTOCONTROL

En una de las universidades extranjeras donde daba clases, tuve una situación embarazosa con un estudiante que levantaba la mano una y otra vez, y cuando yo le daba la palabra no podía parar de hablar. La situación era aún más complicada por el hecho de que al comienzo del seminario, cuando los estudiantes se presentaron, había hablado abiertamente sobre los diagnósticos que le habían hecho los médicos. Uno le había diagnosticado una personalidad antisocial, otro le había prescripto medicamentos para el trastorno de concentración, un tercero le había recomendado somníferos muy potentes y tranquilizantes para sus problemas de ansiedad.

Desde sus primeras intervenciones fue evidente que tenía una inteligencia excepcional y era muy culto. El problema consistía en que no era capaz de limitar sus comentarios y por eso el resto de los estudiantes apenas podía pronunciar palabra. Pronto los demás empezaron a revolear los ojos. Durante la pausa dos estudiantes vinieron a pedirme si podía detenerlo, porque los demás querían escuchar la clase y no los comentarios de un estudiante en particular. Luego de la clase, le pedí amablemente que en el futuro controlara su vehemencia. Admitió con evidente pesar que no sabía controlarse solo de ninguna manera, y dijo que yo tenía todo el derecho de no darle la palabra y toda la autoridad para interrumpirlo, si hablaba demasiado.

Incluso me explicó todos los efectos secundarios de la medicación que tomaba y subrayó que entendía muy bien que, a causa de sus problemas psíquicos, los otros estudiantes a menudo no lo aceptaran; para él lo mejor era que el docente fuera la autoridad que lo limitara. Intenté explicarle que la adultez consistía en la capacidad de limitarnos a nosotros mismos, y que estaba a su alcance controlar él mismo las veces que iba a intervenir en la clase y la extensión de sus comentarios. En respuesta a mi recomendación de que aprendiera a controlarse, él adujo que sus diagnósticos y medicamentos se lo impedían, y siguió rogando que lo controlara yo.

Recuerdo a uno de los niños de los tiempos en que mi hijo estaba en primer grado de la escuela primaria, que tenía problemas para controlarse en el patio de juegos. Muchas veces golpeaba a alguno. Una vez, en uno de esos episodios, le pregunté al nene cómo era posible que les levantara la mano y les diera un coscorrón a sus amigos. Con toda seriedad, el nene me explicó que tenía problemas para controlar su mano. Afirmó que la mano se le levantaba sin que él tuviera la posibilidad de detenerla. La mano era más rápida que su cerebro, por eso el nene estaba un poco enojado con ella, porque hacía cosas que él conscientemente no quería hacer.

El autocontrol siempre fue entendido como una capacidad humana fundamental, que impide que el sujeto avance por la vía de su aniquilación, y que al mismo tiempo posibilita la convivencia entre las personas. Desde el pasado remoto conocemos distintas estrategias de autocontrol. Odiseo se ató al mástil para no ser seducido por el canto de las sirenas. Muchas veces, las personas que intentan dejar de fumar lo cuentan en público a sus amigos para así resguardarse de abandonar muy pronto su intento. Muchas investigaciones sobre dependencias han demostrado que la gente se limita con bastante mayor facilidad si tiene la sensación de que limitándose recibirá algo a cambio (por ejemplo, dinero o salir en libertad, si están en la cárcel).

La capacidad de autocontrol cuando se trata de disfrutar y la capacidad de esperar para obtener gratificación han sido glorificadas durante décadas como algo que prefigura el éxito en la vida de los sujetos. Un conocido estudio sobre niños de preescolar que fueron enfrentados al dilema de comer un dulce sin esperar (se trata del así llamado *marshmallow test*) o ser capaces de contenerse un poco y así, después de un tiempo, recibir dos dulces ha demostrado que, quienes desde muy temprano son capaces de esperar para obtener gratificación, se conducen mejor cuando avanzan sus vidas que los que no pueden hacerlo. En las últimas décadas se ha repetido ese estudio muchas veces y da la impresión de que en los niños la posibilidad de controlarse no es de una diferencia intrínseca.

Hace ya varios años se repitió el mismo estudio en la Universidad de Rochester y se observó cómo influye el entorno en las decisiones de los niños con respecto al autocontrol. Un grupo de niños fue puesto en un entorno que les daba sensación de previsibilidad; otro fue puesto a propósito en un entorno imprevisible. Los investigadores crearon una sensación de previsibilidad o imprevisibilidad trayéndoles primero a los niños útiles defectuosos para dibujar y prometiéndoles que después de unos minutos les traerían otros, mejores. En el entorno previsible, los niños recibían después del tiempo prometido los útiles que esperaban; en el imprevisible, debían escuchar excusas una y otra vez acerca de por qué no era posible traer los útiles. Una vez que "entrenaron" a los niños en ese entorno previsible y no previsible, les hicieron el célebre *marshmallow test*. Ocurrió que los niños "educados" en el entorno previsible podían controlarse mucho más al ver el dulce que los que habían estado en un entorno imprevisible.

Los resultados de la investigación fueron rápidamente interpretados en el contexto de la pobreza. Dado que los niños pobres viven muchas veces en un entorno muy imprevisible, tienen a menudo más dificultades para controlarse. O como dice uno de los investigadores: "Si estás habituado a que los demás siempre te saquen las cosas, la decisión racional es no esperar para obtener gratificación".

Los niños más capaces de esperar antes de tomar el dulce pergeñaban distintas estrategias personales para conseguir refrenar su deseo. Algunos cerraban los ojos para no ver el dulce; otros intentaban distraerse con un juego, otros más mordisqueaban a escondidas el dulce y luego lo dejaban en su lugar en la mesa. Un niño lo ponía en una mano y lo cubría con la otra para no tenerlo a la vista. Los que pergeñaban estas estrategias eran los que creían que el autocontrol les iba a proporcionar una recompensa; por lo tanto, confiaban en que efectivamente recibirían dos dulces como premio. Los niños que no tenían esa confianza se comían por supuesto el dulce que tenían ante sí a toda velocidad, y no esperaban algo que solo les habían prometido y que por experiencia sabían que por lo general no se cumplía.

La paradoja de la sociedad contemporánea es que, por un lado, subraya la importancia del autocontrol y, por el otro, toda la ideología del consumo tiene como base la satisfacción inmediata de los deseos. Tampoco se cumple la promesa de lo que el autocontrol podría proporcionarnos en el futuro. Mientras que antes un trabajador podía anticipar que trabajar con empeño y ajustarse el cinturón en el presente le proporcionarían una mejora en el futuro (tal vez un ascenso en su puesto de trabajo, una mejor reputación, más dinero o más tiempo libre), ahora no puede contar en lo más mínimo con ningún tipo de previsión.

El entorno en el que viven los niños también es completamente imprevisible. Los investigadores estadounidenses dedicados a la infancia insisten en que muchos niños crecen hoy en situación de estrés tóxico porque padecen la pobreza, relaciones familiares problemáticas y problemas en la escuela. Muchos de estos niños viven en familias monoparentales, donde el problema es también que la madre (en muchos casos se trata de la madre) se culpabiliza solo a ella misma en relación con los problemas de la crianza, de modo que le cuesta más poner límites a los hijos.

La paradoja de los estudios actuales sobre el autocontrol es que sus interpretaciones siempre tocan la cuestión de por qué los pobres no saben refrenarse. La cuestión de por qué los ricos no saben refrenarse en general se pasa de plano por alto. Los últimos análisis sobre la agresión, fundados en la biología, llegan incluso a orientarse hacia la justificación de la crueldad de muchos de los magnates de estos nuevos tiempos. Adrian Raine, en su libro *The Anatomy of Violence: The Biological Roots of Crime* [*Anatomía de la violencia: Las raíces biológicas de la criminalidad*], parte de la hipótesis de que en tiempos de los cazadores y recolectores, los hombres más exitosos eran más agresivos que el resto y por eso sabían cuidar mejor de sí mismos y de sus familias en la despiadada lucha con la naturaleza y con las demás personas. Raine considera que la agresividad es algo que en gran medida se hereda biológicamente. Y como el hombre exitoso y agresivo quiere reproducir sus genes egoístas tanto como sea posible, tiene también que engañar constantemente en su relación con las mujeres. Para seducir a tantas mujeres jóvenes como sea posible, porque son quienes podrían extender sus genes, debe mentirles, presentarse como más exitoso de lo que es y prometerles que cuidará de ellas y de sus hijos aunque sea probable que eso no ocurra.

Raine insiste en que aquellos que tienen reputación de agresivos se han salido siempre con la suya en la sociedad. Su estatus ha mejorado, han obtenido más bienes y los han protegido mejor de los demás. Esto es válido tanto para los niños en el patio de juegos como para los reclusos en la cárcel. Aunque la sociedad hace distintos intentos para limitar la agresión de los sujetos, Raine considera que la agresión está tan ligada a la biología que los intentos de socialización siempre fracasan.

El libro de Raine podría ser de gran ayuda no solo para los niños que no pueden controlar sus manos en el patio de juegos, sino también para los grandes financistas. Unos y otros podrán justificar sus peleas con la tesis de que son solo descendientes de los antiguos cazadores recolectores exitosos que simplemente han vencido a los menos exitosos.

Cuando empezamos a ver los problemas sociales e individuales para poner límites a través del prisma de la biología, las puertas están abiertas de par en par para nuevas reinterpretaciones de las ideas darwinistas sobre la sobrevivencia de los más fuertes. Una de las bromas sobre la selección natural habla de dos hombres que acampan en la tundra en Alaska y de pronto ven un oso polar a lo lejos. Uno de ellos se ata rápidamente el calzado deportivo; el otro lo mira y dice: "No creerás que eso te va a ayudar a correr más rápido que el oso polar…". El primero le contesta: "No hace falta que corra más rápido que el oso, sino más rápido que vos".

Si en lugar de limitar a los nuevos osos polares del capital, en la sociedad actual vamos a ocuparnos de la cuestión de por qué no saben controlarse los pobres en la vida privada y de las causas genéticas para que venzan los más agresivos, nos espera un largo invierno polar. Habrá osos polares a granel, pero los cazadores se matarán entre sí.

EL CAMBIO CLIMÁTICO Y EL IGNORITAL

En un episodio de *Los Simpson*, Lisa llega a casa de la escuela con la tarea de hacer una presentación acerca de cómo se verá Springfield cincuenta años después. Lisa se pone a estudiar los cambios climáticos y su presentación es tan aterradora que los padres la llevan a una consulta psiquiátrica por su ánimo taciturno. El psiquiatra descubre que Lisa padece de una desesperación provocada por el entorno y le administra el medicamento *Ignorital,* que se supone la ayudará a ahuyentar sus sombríos pensamientos. Lisa toma el remedio, obediente, y su mirada sobre el mundo cambia. Cae en una especie de trance y en lugar de su visión pesimista de los cambios ambientales ve el mundo con una cara sonriente cada vez que escucha la canción *What a wonderful world*. Cuando los padres temen que haya caído en un delirio optimista, le quitan las píldoras a riesgo de que vuelva al pesimismo.

Muchos *lobbies* energéticos funcionan hoy como si estuvieran bajo los efectos de una gran dosis de Ignorital. British Petroleum (BP) hizo una gran campaña publicitaria en la que unas florcitas maravillosas salían por las chimeneas. BP decidió también cambiar el significado de su nombre al nuevo Beyond Petroleum [Más Allá del Petróleo]. La sociedad E.ON, dueña de varias minas de carbón, decidió hacerse de una imagen ecológica colocando celdas solares sobre todo el techo del edificio de sus oficinas.

Hace ya mucho tiempo que la ciencia es unívoca respecto de que en nuestro planeta están ocurriendo cambios climáticos radicales. A causa del incremento de la concentración de dióxido de carbono en la atmósfera, aumenta el calentamiento de la Tierra y aparecen otras consecuencias de los gases de efecto invernadero. El uso de combustibles fósiles —carbón y petróleo— es lo que tiene la mayor influencia.

Todos los acuerdos internacionales sobre la reducción de contaminación hasta el presente han ayudado solo a los países de rápido desarrollo industrial y han olvidado al Tercer Mundo. Del mismo modo, han olvidado a las generaciones futuras que nacerán en un mundo completamente cambiado. Por los cambios climáticos se crearán conflictos entre el más desarrollado hemisferio norte, que contamina el medioambiente en forma desproporcionada, y el hemisferio sur, menos desarrollado, que por su posición geográfica y su infraestructura más pobre sufrirá más.

Desde que tomamos conciencia de que cada vez amenazan al mundo problemas más graves a causa de la contaminación del ambiente, los que advierten sobre el peligro se enfrentan a *lobbies* energéticos que son escépticos respectos del cambio climático. La lucha entre los ecologistas y los *lobbies* energéticos es hoy muy parecida a la que en el pasado ocurrió contra el tabaco. También entonces los científicos advertían acerca del peligro de fumar y la industria tabacalera, con su poderosa maquinaria publicitaria, impulsaba el escepticismo respecto de esos hallazgos científicos.

Los Estados Unidos llevan la delantera de la propaganda de los *lobbies* energéticos; allí, desde los tiempos de Reagan en adelante, los *lobbies* energéticos en alianza con muchos políticos republicanos han presentado a la gente las advertencias acerca del peligro de los cambios climáticos como una fabulación de los fanáticos de la izquierda.

Antes existía la imagen de que los cambios climáticos iban a presentarse con el aumento lineal de las temperaturas. Hoy los investigadores insisten en que los cambios no son lineales, sino que cada vez más a menudo ocurrirán catástrofes climáticas: inundaciones, sequías, huracanes y sobre todo estados climáticos cada vez más imprevisibles. Esto modificará mucho la agricultura. El aumento de las hambrunas en el mundo puede vincularse a que los agricultores ya no podrán seguir los ciclos habituales de siembras y cosechas, porque las condiciones climáticas cambian todo el tiempo.

Si hacemos un poco de memoria, tenemos que admitir que el clima evidentemente está cambiando. Hace décadas los ingleses no conocían los veranos calurosos ni la nieve. Los habitantes de muchas islas del Pacífico no pueden creer no haber tenido un verdadero ciclón en varios años. Los habitantes de la costa este de la India observan azorados que el mar les quita un poco de costa cada año. Hace décadas los eslovenos ni pensábamos en los aires acondicionados, ni los noruegos en máquinas de nieve artificial, que ahora son conocidas también en este país del norte.

La política, en especial en los países ricos, tiene dificultades para enfrentar los cambios climáticos. Lo hemos visto hace unos años en Australia, donde las fuertes lluvias en Queensland arrasaron con la mayoría de las bellas playas de ese estado. En lugar de la arena, quedaron riscos recortados en la tierra. Mientras el gobierno local pensaba en instrumentar un impuesto especial para la playa, para poder financiar el acarreo de arena para estas playas desde otra zona, los ecólogos advertían que este tipo de lluvias fuertes e inundaciones en el estado estaban asociadas a cambios globales en el ambiente. Estas advertencias no impidieron que, antes de las elecciones, el gobierno federal intentara ganarse a los votantes y a las corporaciones bajando el impuesto a la contaminación del aire. Así se ensució las manos sobre todo con el *lobby* carbonífero, que de este modo aumentó sus ganancias por la exportación de carbón mineral a China.

Creemos que Noruega es un país muy orgulloso de sus atractivos naturales, donde vive gente vigorosa que cultiva una relación pura con la naturaleza. Pero no nos damos cuenta de que el desarrollo económico que ha tenido por los grandes yacimientos de petróleo está asociado a un enorme aumento de emisiones de gases de efecto invernadero.

La investigadora Kari Marie Norgaard indaga cómo es posible que los noruegos se perciban como grandes amantes de la naturaleza y a la vez no hagan nada para que su país no aumente drásticamente la contaminación del aire con la industria petrolera. Ella ha descubierto una interesante forma de negación en los políticos, que asocia su contaminación local con la lucha por mitigar la contaminación en el nivel internacional. La explicación política acerca de por qué Noruega no hace demasiado en el plano nacional por disminuir la contaminación del aire asociada a la extracción de petróleo y gas es más o menos así: si Noruega limitara la extracción de petróleo y comenzara a invertir más en formas alternativas de energía, contaminaría menos, pero como consecuencia otros países comenzarían a contaminar más. Como Noruega extraería menos cantidad, los precios internacionales del petróleo subirían; esto provocaría que los países comenzaran a comprar más carbón. Como el carbón mineral contamina más que el petróleo, en el largo plazo el ambiente estaría más contaminado. Entonces la conclusión está en la palma de la mano: la pequeña Noruega contamina y así se sacrifica por todo el mundo.

Si en el caso de los políticos podemos entender que dan vuelta las palabras para servir más y más a los intereses del capitalismo, para Norgaard es más importante averiguar cómo las personas comunes concilian la opinión de sí mismas como grandes amantes de la naturaleza y la clara falta de acción para que su país haga más por la reducción de la contaminación ambiental.

La hipótesis corriente es que las personas están desinformadas acerca de los peligros del calentamiento global y por eso no están más preocupadas por el cambio climático. En muchos países desarrollados esto no es cierto. Muchas veces, por la prosperidad económica que está asociada a energías ecológicamente problemáticas, se cubren los ojos en forma colectiva ante las consecuencias que su energía tiene para el entorno.

El principal motor para negar los peligros del cambio climático es el temor. A las personas del mundo desarrollado les da miedo admitir que la idea del desarrollo sobre la que se basa el capitalismo contemporáneo no puede continuar en forma indefinida. Las personas temen que enfrentar el cambio climático conduzca a una caída del crecimiento económico y que la intervención del Estado en el mercado a través de diversos mecanismos de control de la emisión de dióxido de carbono y a través de multas a los principales contaminantes signifique una pérdida de la idea de libertad que asocian sobre todo al libre mercado.

Incluso quienes son conscientes de que las advertencias de los científicos sobre el cambio climático son serias, con frecuencia se comportan como si esa información no tuviera ninguna consecuencia. Las personas niegan sin más lo que el cambio climático significa, y se comportan como si este no las afectara. Con frecuencia, esta negación está asociada a que las personas sienten temor a los cambios.

El problema de la sociedad contemporánea es que resulta cada vez más difícil pensar el futuro. Mientras que podemos pensar sin problemas en doscientos años atrás, resulta muy difícil reflexionar sobre lo que ocurrirá dentro de veinte años. Y como nos da miedo que el futuro no prometa nada bueno, cerramos los ojos, de modo que nos volvemos aún más hacia atrás y nos ocupamos de las antiguas luchas del pasado.

En su libro *Réquiem para una especie. Cambio climático: por qué nos resistimos a la verdad,* Clive Hamilton advierte que el cambio climático es la factura que nos han pasado siglos de prolongado e increíblemente rápido desarrollo basado sobre todo en la energía obtenida de los combustibles fósiles. La prosperidad era algo en general bueno hasta las generaciones presentes: las personas viven más y con más salud que antes de la Revolución Industrial; pero el problema es que estas generaciones no pagaron todo el precio del progreso. El resto de la factura se les pasará a las generaciones futuras.

La violencia

LAS APARIENCIAS ENGAÑAN

ESTABA EN GRAN BRETAÑA cuando leí la noticia sobre el horrendo suceso, ocurrido en Austria, de un padre que tuvo a su hija en cautiverio durante veinticuatro años y con quien tuvo siete hijos. Los periódicos estaban llenos de análisis acerca del carácter nacional de los austríacos. Ante el interrogante sobre cómo era posible que la opinión pública hubiera ignorado durante tanto tiempo que algo extraño estaba ocurriendo en una ciudad pequeña y ordenada, que la policía y los servicios sociales no hubieran manifestado ninguna sospecha cuando veinticuatro años antes, Elizabeth, entonces de diecinueve años, había desaparecido, y que su padre hubiera obtenido más tarde sin problemas la adopción de los hijos de ella, los medios ingleses intentaron responder haciendo algo así como un análisis *ad hoc* de Austria y de la población austríaca. Es legítimo preguntarse qué está ocurriendo en esa parte de los Alpes que a simple vista parece tan limpia y organizada y tan llena de atractivos naturales y culturales que a los turistas les gusta visitar, si consideramos que en los últimos años en Austria se han ido sumando escándalos que adoptan formas extremas de violencia contra los niños.

Después de que Natascha Kampusch —en agosto de 2006— lograra huir de su cautiverio domiciliario, donde estaba encerrada desde que tenía diez años de edad, en Austria siguieron apareciendo escándalos similares. El país conocido en el mundo por sus maravillosas pistas de esquí, por Mozart, por el vino caliente y por la excepcional inclinación de su gente a mantener los barrios ordenados (los austríacos tienen fama de ser los más abnegados de Europa en la separación de residuos y el reciclaje), se volvió de pronto el país donde, como en Bélgica, los niños padecen las formas de abuso más horrendas. Menos de un año después del caso Kampusch, Austria fue sacudida por la noticia de que una madre con educación superior (¡abogada!), había tenido a sus tres hijas en cautiverio domiciliario durante siete años; después de haber sufrido un colapso nervioso, había sacado a sus hijas de la escuela y les había impedido el contacto con el mundo exterior. Las nenas habían vivido años en completa oscuridad, entre heces y orín de ratones.

Josef Fritzl, que encerró a su hija en las dependencias oscuras del sótano, también era conocido como un ciudadano educado, de relativa buena posición y respetado. En Gran Bretaña, las respuestas acerca de cómo era posible que, durante tantos años, nadie supiera nada acerca de lo que en realidad ocurría en la vida de Fritzl en general giraron alrededor de que la apariencia externa de elegancia y prestigio es suficiente en Austria para que el entorno no te considere molesto. Los austríacos son bastante intolerantes con los extranjeros y los inmigrantes (en especial aquellos cuya piel es diferente de la de ellos), pero con su gente, si ha alcanzado cierta posición social (y si tienen, por ejemplo, una buena educación y un nivel de vida correspondiente a una clase media acomodada), son mucho más que respetuosos.

El respeto por las buenas apariencias se manifiesta sobre todo en que las personas se dejan en paz unas a otras. El hecho de que Fritzl fuera un ingeniero respetable, que cuidaba bien su casa y demostraba ser un abuelo muy amoroso con sus "nietos" fue suficiente para que el entorno no se ocupara demasiado de lo que ocurría tras los muros de su prolija casa.

Si acaso de algún modo podemos entender por qué los vecinos de Fritzl no se preguntaron cómo era posible que Elizabeth hubiera desaparecido mágicamente y por qué Fritzl había comenzado de pronto a hacerse cargo de los hijos de ella, representa un problema mayor el hecho de que ni la policía ni los servicios sociales se hayan interesado en la vida de Fritzl. La respuesta inglesa a este problema fue que la policía austríaca era supuestamente muy corrupta e incompetente y que los políticos austríacos estaban, por un lado, llenos de sus propios escándalos ocultos y, por el otro, obsesionados con evitar a los periodistas que osaban observar el trasfondo de sus negociados.

De modo que la paradoja de Austria es que en muchas zonas predomina el respeto pequeñoburgués por las personas que han alcanzado algo y en cuyas vidas la opinión pública, la policía y los servicios sociales no se inmiscuyen, pero por detrás de ciudades muy ordenadas está lleno de violencia oculta. Los austríacos valoran tanto el respeto por la vida privada que han elaborado una legislación muy restrictiva respecto de la protección de los datos personales. Sin embargo, esta legislación es también muy atractiva para los extranjeros que desean evadir la mano de la ley de sus países y por eso acuden a Austria.

Además del análisis sobre la pequeña burguesía y la incompetencia policial, los comentarios extranjeros del caso Fritzl sin duda señalaron también que los austríacos fueron conocidos durante la Segunda Guerra Mundial como los más despiadados colaboracionistas de la Gestapo. El hecho de que haya habido muchos austríacos entre los jefes de los campos de concentración y la crueldad extrema que mostraron ante los judíos es la supuesta prueba de que en ese pequeño país ha habido un placer particular por la violencia desde mucho tiempo atrás.

Diversos *reality shows* que tratan el tema de la investigación de la violencia nos dan hoy la sensación de que la ley siempre puede encontrar al criminal. A los estadounidenses, por ejemplo, en programas como *Forensic Files*, les encanta mostrar que con la ayuda de un análisis de ADN podemos descubrir a los asesinos décadas después. Así, por supuesto, se crea la sensación de que en la sociedad del futuro la investigación del crimen estará asociada sobre todo al desarrollo de nuevas técnicas forenses. Los hechos de Austria nos demuestran que la violencia es mucho más complicada porque a menudo ocurre ahí donde menos la esperamos y también donde menos la notamos o mejor, donde a menudo menos queremos verla. Un ejemplo muy pertinente es la violencia intrafamiliar. Cada tanto nuestros políticos luchan con vehemencia contra los pedófilos y la opinión pública cae en una paranoia generalizada sobre el supuesto de que alguien fuera de la familia ha abusado de los niños, pero cierran los ojos ante el hecho de que la mayoría de los actos de violencia contra los niños ocurre dentro de la familia.

Del mismo modo, las personas pueden ocultar un placer particular por la violencia llenándose la boca con palabras sobre la moral. Desde el psicoanálisis, sabemos que entre las profesiones que se regodean en hablar desde una posición moral (por ejemplo los jueces, los docentes y sacerdotes), se encuentra mucho placer perverso y mucha violencia oculta.

Cada vez que en la sociedad sale a la luz un acto de tremenda violencia que ha estado oculto durante mucho tiempo, debemos cuidar de no caer en la persecución generalizada de personas "sospechosas" en nombre de grandes principios éticos. Y a la vez no debemos olvidar que la violencia puede ocurrir justamente en los lugares que a primera vista parecen un ejemplo de pureza, orden y moral, como fue el caso de la provincia austríaca.

Cuando dejé Gran Bretaña, en el vuelo a Klagenfurt (en ese entonces los eslovenos volábamos hacia allá porque era más barato que ir directamente a Ljubljana), fui testigo de una interesante conversación entre dos turistas. Uno de ellos, después de ir a la Koroška austríaca se proponía visitar Eslovenia. El otro, que ya había estado allí, le describía al primero cómo era Eslovenia. Decía que cuando vas en auto por Ljubelj, entre Austria y Eslovenia a simple vista no hay ninguna diferencia. El paisaje es bastante parecido, también la gente a primera vista no tiene diferencias. Pero pronto se observa que este país es bastante más pobre y que las ciudades no son tan limpias y ordenadas. Es evidente que en estas tierras hay más basura y menos elegancia. Cuando escuché estos comentarios, me alegré mucho de que nuestro pequeño país fuera más caótico y, espero que también, menos pequeñoburgués.

EL PLACER DE LA TRANSGRESIÓN

En el año 2012, en los Estados Unidos, los tribunales del estado de Kansas se ocuparon del caso de un abogado que había instalado cámaras ocultas en sus oficinas para filmar lo que ocurría bajo las faldas de las mujeres. Exigía a sus colaboradoras que fueran al lugar de trabajo bien vestidas y en especial que evitaran las faldas largas y los pantalones. Instaló luego cámaras ocultas bajo las mesas ante las que ellas trabajaban.

Este caso podría incluirse en los anales de las raras perversiones que ilustran los extraños caminos del placer individual, si no fuera porque en otras partes del mundo se han encontrado con problemas similares. En Londres se sorprendió a un juez haciendo algo parecido. Pero no encontraba placer en mirar bajo las faldas de sus compañeras de trabajo, sino en los medios de transporte público. Se fabricó un bastón en el cual instaló una cámara con la que filmaba bajo las faldas de las mujeres en los trenes subterráneos y en los autobuses. Tampoco este hombre fue el único en su búsqueda de un placer especial. Las fuerzas de seguridad de Gran Bretaña habían denunciado poco antes a otros hombres que se entregaban a aventuras parecidas. Algunos fijaban un espejo en el bastón y así fisgoneaban a las mujeres bajo sus faldas, y otros usaban la cámara de video de sus teléfonos celulares. Entre los admiradores estadounidenses de lo que ocurre bajo las faldas de las mujeres, los más ingeniosos se habían colocado una cámara en la parte superior del calzado.

Los científicos han bautizado esa práctica *upskirting*, lo cual podría traducirse como "fisgoneo de faldas" o "levantafaldas". Lo interesante es que quienes encuentran placer en esta práctica son en su mayoría hombres en lugares de poder y que, entre ellos, se encuentran también los que deberían resguardar el orden público.

Desde mucho tiempo atrás, el psicoanálisis da cuenta de actos criminales que proporcionan al sujeto un especial placer en probar si la ley lo va a atrapar o no. El filósofo francés Jean-Paul Sartre asociaba el placer del *voyeur* o *peeping Tom* (la persona que obtiene placer de mirar a escondidas por un pequeño orificio a otros en el baño) con la angustia que dispara en el *voyeur* la posibilidad de que alguien lo sorprenda en el acto. Así, Sartre dice que, paradójicamente, el *voyeur* siente placer cuando oye un murmullo, lo que puede indicar que tal vez alguien se acerca y podría atraparlo en el fisgoneo prohibido. También los *voyeurs* de la nueva era, que con ayuda de la tecnología actual fisgonean bajo las faldas de las mujeres, encuentran un placer singular en la ansiedad por que los puedan descubrir. A pesar de la andanada de material pornográfico que pueden encontrar en Internet, donde pueden mirar sin temor cada pliegue de la entrepierna femenina y ropa interior de todos los colores y formas, el placer no está en encontrar algo excepcional bajo la falda de mujeres ocasionales en el autobús, sino en ponerse a prueba ante la posibilidad de que los descubran en su extraña práctica. Y también muchas veces el placer está en comprobar si la ley los va a atrapar o no.

Tal placer en la transgresión llevó a un juez inglés a formar un complejo "multiángulo" amoroso en el que todo el placer estaba en cuestionar los límites de la ley. El juez estaba casado y engañaba a su mujer con una amante. Pero el placer por la transgresión no era suficiente, así que decidió engañar también a la amante con una prostituta. Pero tampoco esta transgresión fue suficiente. Así que armó una puesta en escena en la que invitaba a la prostituta a su oficina en el palacio de tribunales a una hora determinada y, con un breve lapso de diferencia, también invitaba ahí a su amante. Disfrutaba de infringir la prohibición de distintos modos y de ser observado en esa transgresión. El placer provenía del hecho de que la amante pudiera pescarlo en el abrazo con la prostituta y por supuesto de que todo sucediera en la sede del Poder Judicial.

Así como el infractor puede encontrar especial placer en probar si la ley lo va a pescar o no, también un juez o un abogado pueden encontrar placer en caminar por la cornisa, en jugar a la ruleta rusa que puede llegar a costarles su puesto.

Como demuestra el psicoanálisis, las personas, paradójicamente, no buscan la forma de evitar el sufrimiento o de hacer cosas para su propio bien, sino al contrario: muchas veces hacen cosas que los llevan a su aniquilación.

Al observar sonados y espectaculares casos en los tribunales eslovenos, muchas veces parece que entre nosotros existe un especial placer en el fracaso y que el aparato judicial funciona como si lo moviera el deseo de autodestrucción. Muchos arrestos suceden como una copia de los policiales hollywoodenses: en operativos nocturnos, hordas de detectives ingresan a los domicilios de cabecillas y jefes de redes del crimen organizado. Incautan documentos que se presume son importantes, meten a los sospechosos en vehículos policiales a menudo ante las cámaras. Luego los procesos judiciales giran en torno a los problemas en los cargos presentados por la fiscalía, la información mal recabada, acusados que no comparecen ante el tribunal, la dilación de los procesos judiciales y el estupor de la gente cuando al final se absuelve a los principales acusados. Además de ellos, en todo este espectáculo los ganadores son siempre los audaces abogados que aprovechan con habilidad los vacíos legales y la negligencia del trabajo de los fiscales o la policía.

La paradoja del sistema esloveno es que muchos abogados vienen de las filas de los fiscales y jueces. En Gran Bretaña es al revés: la persona es a menudo primero abogada y en la edad madura recibe el honor de ser jueza; y entre nosotros la persona aprende en la función de jueza o fiscal para después pasar al otro lado y volverse una abogada prestigiosa.

La siguiente paradoja de la relación con la opinión pública eslovena, sobre todo de los medios, es que quienes se vuelven figuras mediáticas no son los fiscales o jueces que se arriesgan a procesar al crimen organizado, sino los abogados que logran encontrar errores en los procedimientos judiciales y salvar así a los acusados de la pena carcelaria. Si observamos a los países que enfrentan graves problemas con la mafia, allí tarde o temprano aparece algún fiscal o juez que se destaca por su coraje en la lucha contra la mafia. Claro que muchas veces a costa de su seguridad personal. En Eslovenia, en cambio, podemos leer grandes titulares sobre las cirugías estéticas de abogados célebres, sobre la cuantía de sus riquezas, sobre sus vidas privadas y demás. Así se provoca enseguida la identificación de los lectores: el verdadero éxito se obtiene a partir de buscar vacíos en el sistema legal y —en forma indirecta— de facilitar el funcionamiento de asociaciones mafiosas.

Mientras que los abogados estadounidenses e ingleses antes mencionados a veces se dejan llevar hasta el borde de la ley por el placer personal de espiar bajo las faldas de las mujeres, en Eslovenia el placer está en espiar en los agujeros de la ley. Tal vez en verdad nuestro código penal sea como el queso suizo; tal vez también quienes deben velar por él le hacen nuevos agujeros todo el tiempo por ignorancia o negligencia. De cualquier forma, hay un gran placer de los abogados en su habilidad para sacar a la luz estos agujeros.

Para el alivio de la opinión pública, que muchas veces ve con horror que grandes operativos policiales finalmente terminan en juicios absolutorios, vale mencionar que muchos de los que alguna vez se han salvado de la pena de manera espectacular pronto se ponen a prueba para ver si la ley puede atraparlos o no. Es lo que ocurrió hace años en los Estados Unidos, cuando ante el gran asombro de la opinión pública el célebre jugador de fútbol americano O. J. Simpson fue declarado inocente por el asesinato de su ex esposa y el amigo de ella. En este caso, los abogados señalaron con éxito los agujeros en la labor policial, ya que la policía había sido negligente en la manipulación de las evidencias materiales halladas en la escena del crimen. Evidentemente, O. J. Simpson no se sintió bien en libertad y pronto se encontró tras las rejas a causa de un absurdo intento de robo. Parece que el antes célebre jugador de fútbol americano buscó la forma de ser castigado a pesar de todo.

También los abogados estadounidenses que se ocupan de los casos de fisgoneo bajo las faldas se han enfrentado en los últimos años con problemas de interpretación de la ley y de la adecuada forma de reunir pruebas. Había un señor del estado de Tennessee que se paseaba por los centros comerciales. A menudo llevaba en la mano una bolsa de compras en la que tenía una carpeta, y dentro de ella, una cámara. Cuando veía en la multitud de compradores a una mujer con la falda adecuada, se le acercaba tanto como para poder filmar con su cámara oculta bajo la falda. Cuando a causa de sus actos se encontró ante la policía, esta decidió allanar su domicilio por presunta tenencia y reproducción de material pornográfico. Durante el allanamiento, encontraron con gran sorpresa una gran cantidad de marihuana. En los tribunales, el fiscal pidió su condena por dos delitos: tenencia de drogas y voyeurismo. Sin embargo, como los policías no tenían una orden de allanamiento en la que constara que había peligro de tenencia de drogas, ese hallazgo no contaba como asunto de las fuerzas de seguridad. Y para el asombro de todos, el hombre ni siquiera fue condenado por voyeurismo. La ley vigente en ese entonces en el estado de Tennessee sostenía que el voyeurismo fotográfico era un delito cuando había violación premeditada de la privacidad de la persona y cuando además de fotografiar, la persona que toma la fotografía obtiene satisfacción sexual. Para que tal comportamiento se entienda como delito debe ocurrir en un lugar donde la víctima pueda contar con alguna forma razonable de privacidad. El tribunal consideró que en un centro comercial la persona no puede imaginar que tendrá privacidad. Si la filmación hubiera tenido lugar en un vestuario o en el baño, entonces el hombre habría sido condenado, pero como había ocurrido en un espacio público, fue declarado inocente. Semejante fallo del tribunal desató por supuesto un escándalo en la opinión pública y después de eso cambiaron la ley en Tennessee de manera que la mujer pueda exigir el derecho a la privacidad y negarse a ser filmada o fotografiada bajo la falda también en los espacios públicos.

En estas luchas por si el espacio bajo las faldas de las mujeres es un espacio público o privado, quienes más dinero ganaron, sin duda, fueron los abogados. Como dice un antiguo proverbio inglés, podemos imaginar el proceso judicial como una vaca: la opinión pública la tiene por los cuernos, el Estado la agarra de la cola y los abogados la ordeñan.

VOCES EN LA CABEZA Y *COPYCAT*

A fines de noviembre de 2015, Robert L. Dear entró a una clínica de planificación familiar de Colorado Springs y empezó a disparar. Mató a tres personas, hirió a nueve. Cuando estuvo frente al tribunal, Dear confesó de inmediato su culpabilidad por los crímenes y comenzó a explicar muy excitado que era un gran defensor de los bebés y que estaba luchando para que los bebés no nacidos no fueran despedazados. Explicó al tribunal que nadie le creía que lo que había visto en la clínica de planificación familiar era un horror, había sangre por doquier.

Muchos comentaristas estadounidenses observaron que Dear se había identificado mucho con una película de propaganda antiabortista que habían proyectado durante el verano, que muestra con elocuencia lo que ocurre con el feto durante el aborto. Cuando este film hábilmente montado comenzó a circular por Internet, en los Estados Unidos ocurrieron cuatro ataques a centros que practican abortos.

¿Qué empuja a una persona a traspasar el límite y tomar las armas y empezar a disparar a personas al azar? En los Estados Unidos, por ejemplo, en el año 2015 ocurrieron más de 350 asesinatos masivos, en los cuales hubo cuatro o más muertos o heridos. Es un promedio de un asesinato masivo al día. En numerosos casos se trata de crímenes intrafamiliares, de personas que matan a varios miembros de su familia. El desencadenante de estos actos puede ser una pelea familiar, el final de una relación amorosa, la pérdida del empleo y cosas parecidas. Pero en los últimos años se ha incrementado el número de asesinatos donde el individuo dispara sobre desconocidos —en escuelas, en centros comerciales, sedes culturales, etc.—. En muchos de estos casos, el crimen fue cometido por lo que llaman un lobo solitario, una persona que parecía incluida en la sociedad y que en realidad estaba aislada. Muchos tienen la sensación de que la sociedad conspira contra ellos, que han sido privados de algo en la vida o que deben vengarse porque han sido víctimas de una u otra injusticia.

Podemos suponer que algunos de esos atacantes padecían lo que se llama una psicosis no desencadenada. La persona tenía una estructura psicótica, pero no manifestaba signos de delirio, por eso los demás no advertían sus problemas internos. En los casos en los que se percibe un delirio manifiesto, este se evidencia muchas veces porque la persona escucha una voz o tiene la sensación de que una mirada lo persigue.

Tanya Luhrmann, profesora de antropología de la Universidad de Stanford, sostiene que las alucinaciones que padece la gente con serios problemas psíquicos está íntimamente relacionada con el medio cultural en el que viven. Luhrmann analizó las voces que oyen los psicóticos en los Estados Unidos, en la India y en Ghana. Le interesaba saber qué era lo que más temían los psicóticos de las voces que escuchaban, si las consideraban buenas o malas y si las voces les decían algo referido al sexo o a Dios. Los consultados hicieron descripciones bastante parecidas: muchas veces son buenas y malas, a veces susurran, a veces dan órdenes con virulencia. Algunos tienen la sensación de que la voz que oyen viene de Dios; otros sienten que los ataca, es decir, que la voz los bombardea.

En la investigación se observó una interesante diferencia entre el mundo occidental y el resto del mundo: las personas en África y en la India tenían experiencias bastante más positivas con las voces que en los Estados Unidos. Mientras que los estadounidenses explican que hay una especie de guerra en la cabeza, donde las voces les gritan y los martirizan, los indios oyen voces bastante más calmas. Estos últimos tienen a menudo la sensación de que a través de la voz en la cabeza algún miembro de la familia lo manda a hacer alguna tarea, o que fuerzas mágicas o espíritus que por lo general no son agresivos sino bastante juguetones entran en contacto con ellos. Los africanos también hablan de voces en general buenas, que son amables con ellos.

Luhrmann sostiene que en los Estados Unidos y en Europa las personas se perciben como individuos con identidad propia, mientras que en muchas otras partes la gente concibe su yo y su psiquis vinculados a los demás y definidos por las relaciones interpersonales. En una sociedad extremadamente individualista como los Estados Unidos, las voces son entendidas como un ataque al mundo mental privado; en sociedades menos individualistas, como la India o Ghana, las voces son entendidas más bien como lazos sociales. Por eso en estos países han interpretado que las voces son amables y no una manifestación de violencia sobre sus psiquis.

Hay que agregar a este análisis que en los Estados Unidos la defensa del individualismo está muy ligada al derecho a la tenencia de armas. Puesto que es tan fácil conseguir un arma, no es extraño que tantas personas con problemas psíquicos echen mano de ellas y empiecen a disparar sobre personas inocentes. Alguien que lucha en su cabeza con una voz agresiva puede fácilmente externalizar su problema con ayuda de un arma y comenzar a ejercer la agresión sobre las personas que lo rodean.

Aunque muchos de los asesinatos masivos fueron perpetrados por personas con enfermedad mental, no podemos decir que en los Estados Unidos haya aumentado el número de enfermos mentales. En especial no debemos generalizar el supuesto de que alguien que padece, por ejemplo, de psicosis corra mayor riesgo de cometer un crimen.

Quienes investigan el fenómeno de los asesinatos en masa insisten en que el fenómeno llamado *copycat,* esto es, que la gente copia lo que hacen los otros, juega un papel importante en el aumento de estos crímenes en los Estados Unidos. Cuando comienza a sonar en la opinión pública algún asesinato masivo, hay grandes probabilidades de que alguien más cometa un crimen parecido en las dos semanas siguientes. Un papel igualmente importante juega el deseo de fama. Como los asesinatos en masa atraen mucha atención de los medios, y como se valora tanto la celebridad en estos tiempos, algunos encuentran placer en hacerse famosos a través de un crimen horrendo.

Si, por un lado, los Estados Unidos tienen que vérselas con un aumento de los asesinatos masivos, por otro lado se enfrentan a la difusión de un discurso político que propaga el odio e inventa nuevos enemigos sin cesar. El discurso que alienta el odio a los musulmanes y que llama violadores a los inmigrantes mexicanos y convoca a nuevas intervenciones bélicas crea una atmósfera de intolerancia que influye mucho en la forma en que las personas enfrentan los problemas psíquicos.

En el juicio, Robert L. Dear fue declarado inimputable porque mostraba muchos signos de enfermedad mental. En la corte insistió en que era necesario matar a los asesinos de niños y su discurso no era muy distinto del de muchas de las personas que se oponen al aborto, que muchas veces han exhortado públicamente al linchamiento de los médicos que practican el aborto y cuyo movimiento apoyan bastantes políticos republicanos.

En un clima de intolerancia tan extendido, es bueno recordar a Maya Angelou cuando dijo que el odio ha provocado muchos problemas en el mundo, pero aún no ha resuelto ninguno.

RENACIDO... EN EL TERRORISMO

Cuando una persona decide formar parte de una organización terrorista, ¿qué le atrae tanto como para estar dispuesta a matar a personas inocentes y a sacrificarse por un determinado objetivo político? Nos hacemos esta pregunta cada vez que ocurre cerca nuestro uno de los repetidos atentados a la población civil.

Preguntas similares se hicieron en Alemania en los años setenta ante los atentados de la Fracción del Ejército Rojo —más conocida por sus siglas en alemán: RAF, Rote Armee Fraktion—. Cuando una de las líderes de la organización, Ulrike Meinhof, se suicidó supuestamente en 1977 en la cárcel, el patólogo Jürgen Pfeiffer extrajo y sustrajo el cerebro del cadáver para guardarlo en un frasco con formol. Estaba convencido de que el desarrollo de la ciencia permitiría analizar el cerebro y probar qué hace de una persona un terrorista.

A fines de los años noventa, Pfeiffer tuvo la esperanza de que su colega, el psiquiatra Bernhard Bogerts, pudiera llevar a cabo ese análisis. Bogerts, que estudiaba la base biológica de la esquizofrenia, recibió el misterioso frasco con el cerebro de Ulrike y lo archivó en el sótano de la Universidad de Tubinga. Allí fue encontrado por casualidad en 2002. La hija de Ulrike Meinhof, horrorizada, inició un proceso judicial al cabo del cual finalmente consiguió enterrar en el sepulcro el cerebro junto al cuerpo de su madre. En los medios alemanes surgió la hipótesis de que también a otros tres líderes de la RAF se les había extraído el cerebro en el momento de su muerte. Pero aún no se han podido encontrar los frascos en los que se los habría guardado.

De cualquier modo, para los estudiosos del terrorismo, el cerebro de Ulrike Meinhof presentaba un interés particular. En su juventud había sido una periodista reconocida. Cuando a comienzos de los años sesenta estuvo embarazada, comenzó a tener fuertes dolores de cabeza. Los médicos le diagnosticaron un tumor cerebral. Le indicaron que debía operarse de inmediato, pero Ulrike decidió hacerlo después del nacimiento de sus gemelas. En la cirugía se reveló que Ulrike tenía un quiste benigno y apareció un problema con una vena de la cabeza, que los médicos suturaron con un clip metálico. La operación fue exitosa, pero la personalidad de Ulrike Meinhof, según algunos de sus allegados, había cambiado. Cada vez se acercaba más a la ideología del grupo RAF, y en 1970 ayudó a su líder, Andreas Baader, a huir de la cárcel. Cuando la policía los atrapó, corroboró la identidad de Ulrike —de quien no tenían las huellas dactilares— a través de una imagen de su cerebro. La pieza metálica confirmó que se trataba de ella.

Ulrike Meinhof era considerada algo así como el cerebro de la RAF. En su caso, buscaron la causa de su radicalización directamente en su cerebro. En la mayoría de los casos, las causas se buscan en lo que se suele llamar el lavado de cerebro que presumiblemente ocurre cuando alguien ingresa a una organización terrorista. En la persona que se identifica mucho con una ideología, aparecería un vaciamiento de sus antiguas convicciones y el "relleno" de su cabeza con las nuevas. Muchas veces, esas explicaciones olvidan el poder de la identificación con el grupo y los lazos emocionales con personas importantes en la familia.

En los atentados terroristas de los que hemos sido testigos los últimos años en Occidente, hay muchos ejemplos de participación de hermanos. Los hermanos Tsárnayev atentaron contra la maratón de Boston; los hermanos Kouachi participaron del atentado al semanario *Charlie Hebdo* en enero de 2015, y los hermanos Ibrahim y Salah Abdeslam de los de noviembre del mismo año en París. Este último huyó luego a Bruselas y fue apresado allí en marzo de 2016. También en el atentado de Bruselas tenemos a los hermanos El Bakraoui. Las investigaciones han demostrado que en una tercera parte de los atentados terroristas hay algún vínculo familiar, en general fraterno. Vemos allí una vinculación emocional importante, puesto que muchas veces uno de los hermanos sigue al otro. Sin embargo, en este vínculo fraterno muchas veces hay también rebeldía ante los padres.

En los casos de los extremistas nacidos en Occidente, es frecuente que no haya una identificación ideológica o religiosa fuerte inculcada por los padres. Muchos jóvenes que empiezan a identificarse con una interpretación fundamentalista del islam tienen padres mucho menos creyentes o no creyentes en absoluto. El psicoanalista francés Fethi Benslama, en su análisis de la radicalización, propone hablar de un proceso de desidentificación y sobreidentificación de los jóvenes. Por ejemplo, una persona deja de identificarse con la ideología de los padres y del entorno en el que vive y empieza a identificarse fuertemente con alguna otra ideología radical. En este proceso ocurre una especie de reidentificación, donde el sujeto comienza a comportarse como si para él todo empezara de nuevo, como si volviera a nacer. La idea de renacimiento está ligada justamente a que el sujeto no adopta la ideología de generaciones pasadas.

El sociólogo francoiraní Farhad Khosrokhavar ve en los Estados islámicos una utopía que se presenta como nuevo universalismo. Esta utopía representa un nuevo imaginario que hace posible que los jóvenes postadolescentes expresen su deseo de pasar a la fase de la madurez a través del rito de guerra.

La agresión postadolescente puede verse también en los ritos de violencia contra las mujeres, que tienen lugar en las áreas dominadas por el Estado Islámico. Las mujeres son consideradas objetos que los soldados se pasan de uno al otro. Pero en esta agresión a las mujeres hay también un temor a ellas. Puede ocurrirle algo terrible al soldado que viole a una mujer embarazada. Por eso fuerzan a las mujeres a tomar píldoras anticonceptivas.

El Estado Islámico atrae a los jóvenes que no se sienten identificados con las ideas que forman parte del orden capitalista liberal del mundo contemporáneo. Muchos jóvenes que han ingresado al Estado Islámico viven en los márgenes, sin ocupación, sin un futuro cierto. La identificación con la ideología del Estado Islámico abre la posibilidad de pertenecer a un grupo, de una nueva hermandad, de la victimización y el placer en la violencia. La naturaleza postadolescente de esta ideología se pone en evidencia también en la forma de comunicación del Estado Islámico con la opinión pública. En lugar de largos discursos monótonos como los que Al Qaeda dirigía al público, aquí hay breves videos que recuerdan las películas de Hollywood y los videojuegos. La identificación con la religión es menos importante que la identificación con lo que se considera *cool*. Quienes estudian a los jóvenes reclutas del Estado Islámico de Occidente hablan de un fenómeno que llaman *jihad cool*, en el cual puede observarse una identificación con el grupo y sus insignias parecida a la de los jóvenes que siguen a determinadas bandas. Algunos jóvenes británicos, que volvieron de combatir en Siria, tenían en su poder libros como el *Islam para dummies* o el *Corán para dummies,* lo cual demuestra que la religión es algo que tratan de aprender rápidamente y no una creencia profunda.

El investigador belga sobre el terrorismo Rik Coolsaet ve en esta inclinación superficial por la religión de la última generación yihadista una similitud con la inclinación superficial por el comunismo que tenía la RAF. También los miembros de la RAF libraban en su tiempo una batalla contra los padres —contra los restos simbólicos del nazismo en la sociedad alemana de posguerra y contra los centros de poder del capitalismo —. Y cada vez más libraban una batalla interna en su hermandad.

Sobre las batallas internas de las hermandades del Estado Islámico se sabe poco. Hasta donde sabemos, muchas veces los hermanos son enviados a realizar atentados en distintos lugares, por miedo de que un hermano, por amor fraterno, intente impedir que el otro se sacrifique. Sabemos también que en los últimos atentados algunos atacantes huyeron y por ende no acataron la orden de suicidarse. En su libro *Dans la main droite de Dieu: Psychanalyse du fanatisme* [*En la mano derecha de Dios: psicoanálisis del fanatismo*], el psicoanalista francés Gérard Haddad propone que, al igual que en el nacionalismo y el racismo, en el caso del fanatismo de los miembros del Estado Islámico también hay una estructura narcisista. Por debajo de alguien que se presenta como quien sabe qué es lo correcto y qué es un error y cómo debería ser el mundo, subyace la duda. La duda sobre la identidad, sobre la convicción, sobre la fe.

Christopher Hitchens escribió alguna vez que el terrorismo es la táctica de exigir lo imposible a punta de pistola. Cuando luchamos contra el terrorismo con el uso de más armas, muchas veces olvidamos la pregunta que se hizo hace años la escritora estadounidense Alice Walker: luchar contra el terrorismo bombardeando ciudades y pueblos ¿no es acaso una forma de terrorismo?

La genética

EN BUSCA DEL PADRE

¿SE HAN PREGUNTADO ALGUNA vez si el hombre con quien han crecido es realmente su padre biológico? O, en el caso de que sean varones, ¿se han preguntado si los hijos a quienes crían realmente llevan la carga genética de ustedes? Muchos hijos se hacen la primera pregunta cuando pasan por una etapa de rebeldía contra los padres; cuando, por ejemplo, sienten que tienen una personalidad completamente distinta de la de sus padres. En la etapa de maduración hay fantasmas infantiles bastante habituales: ¿habremos sido cambiados por error en el hospital? ¿Nos estarán ocultando que fuimos adoptados? ¿Acaso mi padre no sea en realidad mi padre? En cuanto al padre, puede que se pregunte si los hijos son suyos porque realmente duda sobre su paternidad biológica o a causa de una relación conflictiva con su pareja que lo hace dudar constantemente de su sinceridad.

A simple vista parece que la ciencia actual ha vuelto obsoletas las dudas que antes eran acuciantes. Una empresa estadounidense que trabaja en tecnología genética ha lanzado al mercado una prueba de paternidad que hasta puede hacerse en casa. Por algo más de veinte dólares, en la mayoría de las grandes farmacias estadounidenses puede comprarse un simple kit que permite tomar células de la parte interna de la boca del niño, del presunto padre y, si lo deseamos, también de la madre. Estas células se envían luego a un laboratorio que analizará la estructura de su ADN. Por un poco más de cien dólares, después de unos días se recibe el resultado. Parece la solución ideal y en especial resulta convincente porque el vendedor nos persuade de que los resultados tienen el 98% de exactitud. Por eso este kit se volvió al instante un gran éxito de mercado.

Semejante obsesión por encontrar respuesta al interrogante de la paternidad tiene grandes consecuencias sociales. Aunque los resultados de esta prueba de ADN hecha en casa no tienen validez en la corte, varios hombres se han sentido aliviados —cuando el resultado dio negativo—, ante las exigencias económicas de mujeres que afirmaban que ellos eran los padres de sus hijos. La cruel verdad es que por esa prueba se han destruido muchas familias. Muchos hijos deben enfrentarse con la noticia dramática de que su padre no es su padre biológico. Y sin duda también hay muchas mujeres sorprendidas con los resultados de la prueba, porque quizá sinceramente no sabían de quién habían quedado embarazadas.

El hecho de que el test sea 98% confiable se oye muy bien en primera instancia. Pero ¿sobre la base de qué población los científicos obtuvieron esa información? Aun si creyéramos que es cierta, las cosas no son tan simples si nos toca estar en el 2% del margen de error. Si tomamos por ejemplo una población de 100.000 personas (quizá familias) que han decidido hacer la prueba, 2.000 recibirán un resultado equivocado. Esta confusión puede darse en una familia que de pronto recibe un resultado equivocado del laboratorio, que dice que el padre no es el verdadero padre biológico. El error puede ir también en otra dirección, y la prueba de alguien que en realidad no es el padre biológico descubre que lo es. Como el test se realiza en casa, existe también la posibilidad de fraude y de que, por ejemplo, alguien cambie el material genético adrede.

En tiempos en que en la mayoría de los países desarrollados y en vías de rápido desarrollo hay grandes cambios en la organización de la familia, cuando aumenta el número de separaciones y el número de personas que tienen hijos sin casarse, y cuando a la vez (al menos en los países desarrollados), por un lado crece el deseo de adoptar y por el otro aumenta la tolerancia hacia los hijos de parejas homosexuales, es asombroso que tanta gente esté dispuesta a poner su vida en jaque por un test tan cuestionable. Parecería que la empresa que vende este kit no piensa en lo más mínimo en las consecuencias éticas del test.

La cuestión de quién es el padre en realidad ha atravesado toda la historia de la humanidad. En ocasiones, incluso con intentos de establecer un orden social matrilineal. Paradójicamente, no obtenemos la respuesta solo con la biología. Ser el padre biológico y ser el padre social, simbólico, son dos cosas muy distintas. Si el primero puede reducirse al esperma, el segundo es en realidad el "verdadero" padre. Para el hijo es importante que los padres asuman el papel simbólico de padres. Tampoco en el caso de la madre es suficiente con la función biológica. La madre que no asume el papel simbólico de madre puede pensarse más como hermana de su hija. Del mismo modo, el padre biológico que no asume el papel simbólico de padre, aunque cuide de su hijo, es una figura bastante traumática en la vida posterior del hijo. Este hijo siempre se va a preguntar por qué el padre no funcionó como padre sino más bien como hermano o como hijo del hijo. A la vez, también es importante destacar que lo que el sujeto pide a nivel racional y lo que desea en forma inconsciente son muchas veces dos cosas distintas. Quizá racionalmente queremos averiguar quién es nuestro padre e inconscientemente no. A menudo es igual de complicada la decisión de tener un hijo.

La psicoanalista estadounidense Paola Mieli escribe sobre una paciente llamada Rachel, que lo que más quería en la vida era tener un hijo. Como no conseguía encontrar una pareja adecuada, decidió acudir a la reproducción asistida con el esperma de un donante anónimo. Después de muchos intentos fracasados de reproducción asistida y después de cambiar cuatro médicos distintos, Rachel decidió buscar la ayuda de una psicoanalista. (Esta decisión era de cualquier modo acertada, porque en un buen número de casos de infertilidad donde la medicina no encuentra ninguna causa orgánica que impida el embarazo, se trata de lo que se denomina infertilidad psicológica. La paradoja es que esta aparece muchas veces justo en el momento en que la mujer decide racionalmente tener un hijo). En el análisis se vio que Rachel consideraba que los hombres eran personas en quienes no podemos confiar, pero ella creía mucho en los médicos. Apareció también que Rachel se había enterado un tiempo atrás de que el padre que la había criado no era su padre biológico. Durante su matrimonio, la madre había quedado embarazada después de un breve romance con su médico.

Luego él incluso había presenciado el parto, pero el papel de padre lo había asumido el marido de la madre. En el análisis surgió que Rachel no quería tanto tener su propio hijo como intentar elaborar el problema de cómo había llegado ella al mundo. En ese contexto, su búsqueda de un buen médico adquiría un significado particular.

Muchas personas se preguntan en la vida cómo llegaron al mundo, y sobre todo intentan encontrar respuesta al problema de si fueron deseadas o no. La respuesta a este enigma no puede darla la biología y, por desgracia, tampoco los padres (biológicos o sociales). Cuándo, por qué y cómo tenemos hijos es algo mucho más ligado al deseo inconsciente que a decisiones claras y racionales.

Y volviendo a la prueba de paternidad, la empresa que puso en el mercado este kit ya está pergeñando un nuevo invento. En su archivo de ADN tiene información de una enorme cantidad de gente. Por una suma determinada y con la ayuda de sus servicios, una persona podrá investigar desde dónde viene su árbol genealógico. La pena es que la gente se alegra demasiado rápido porque por fin podrá averiguar quiénes son sus parientes lejanos. Se dan muy poca cuenta de que estos datos de ADN "libremente" reunidos podrán ser usados también por los órganos de represión del Estado.

¿QUÉ MÁS HAY EN NOSOTROS?

Cuando los niños empiezan a familiarizarse con las primeras nociones sobre la genética, suelen ponerse a pensar cuáles son los genes buenos y cuáles los malos que han heredado de sus padres. Alguno se enojará porque los genes lo han condenado a tener el pelo anaranjado o porque, como su padre, debe llevar anteojos. Si se identifica mucho con el padre y si el padre tal vez es un buen técnico en computación, y si al hijo le encanta jugar con los jueguitos de la computadora, puede usar en su provecho la genética y adscribir su desmedida pérdida de tiempo a que ha heredado la pasión por la computación. Si los padres tienen algo de curiosidad por la genética, puede ocurrir que le regalen al hijo para el cumpleaños un cupón para el análisis de su estructura genética como los que ofrece alguna empresa eslovena. En su sitio de Internet, esta empresa exhorta a las personas a hacerse un análisis genético y no solo conocer así las enfermedades que puedan haber heredado, sino también qué potencial tienen para la vida. Muchas de las empresas que ofrecen estas pruebas piden que se les envíe una muestra de saliva y luego responden por Internet con el informe del análisis genético que supuestamente prevé qué probabilidades hay de que se desarrolle cierta enfermedad. Un periodista inglés, que decidió enviar su saliva a cuatro empresas distintas, recibió cuatro interpretaciones totalmente diferentes sobre las enfermedades que corría peligro de contraer en el futuro.

Los científicos que trabajan seriamente en el campo de la genética comparan estos tests con la astrología. Saben que no podemos usar la genética para predecir el futuro. Incluso si llegamos a la conclusión de que existe un riesgo genético de que alguien desarrolle cierta enfermedad, el hecho de que ocurra en realidad es muy impredecible. Eso depende tanto de la interacción con muchos otros genes diferentes como —muy especialmente— del entorno y el estilo de vida.

En los últimos tiempos han aparecido muchas investigaciones que se preguntan si con el análisis genético podemos prever el riesgo de lo que llaman comportamiento antisocial —que va de la ira repentina y la impulsividad a los arrebatos de la pubertad y la posterior delincuencia—. Muchos científicos que intentan demostrar que existe una base genética para el comportamiento antisocial afirmarán que sus investigaciones no significan que podamos prever con certeza en qué dirección irá la vida de alguien según sus genes. El problema de sus investigaciones es que a la vez agregan que los cambios en el comportamiento de determinados genes muestran una alta probabilidad de comportamiento delictivo. Entonces: si aparecen mutaciones en un determinado gen, no significa que se hayan producido genéticamente, sino que pueden haberse producido por la educación o el entorno en general. El riesgo es que estas mutaciones provoquen una conducta antisocial y —según los científicos más radicales— que posiblemente se pasen de una generación a otra. Entonces las familias producirán hijos problemáticos de generación en generación.

¿Quién gana en realidad con estas investigaciones? Las sociedades desarrolladas se enfrentan desde hace mucho con el problema de qué hacer con las personas marginales, por ejemplo, los que llevan generaciones de desocupados. La premisa de que los niños de estos ambientes son muchas veces problemáticos es por supuesto válida. La pobreza está asociada desde siempre al aumento del consumo de alcohol y de otras drogas, a la depresión y a distintas formas de comportamiento agresivo. Los niños que viven en la pobreza o que tienen padres con grandes problemas psicológicos a menudo carecen de cuidados, les cuesta avanzar en la escuela y rápidamente pueden caer en el camino de la criminalidad. Todo esto lo sabemos desde hace décadas. El problema ahora es que, para que el comportamiento agresivo de las personas de estos entornos no continúe de generación en generación, la sociedad se ocupa de investigar el riesgo genético potencial en lugar de ocuparse de enfrentar la cuestión de la pobreza. Sin tener en cuenta los genes o el cerebro podemos concluir que un comportamiento puede repetirse por la crianza, el entorno, los problemas psicológicos de quienes están a cargo de la crianza y demás.

No obstante, los científicos que intentan encontrar una base genética para el comportamiento agresivo insisten en que también los genes están de algún modo vinculados al entorno y que el modo de vida, la educación, la familia ampliada y demás son clave para el desarrollo de nuestro potencial positivo o negativo. Pero el peligro de sus investigaciones es que se inclinan por las respuestas probabilísticas para explicar cuándo los genes pueden provocar un determinado comportamiento. Los científicos que investigan la base biológica del comportamiento subrayan que la gente cree más en las interpretaciones que supuestamente se apoyan en la ciencia. Si le decimos a alguien que A es igual a B, y agregamos que la ciencia lo ha investigado, lo creerá más que si no le decimos esto último. De modo que si de repente afirmamos que un comportamiento problemático está asociado a la genética, esto desencadena un cambio en la manera en que la gente lo recibe.

Puede ocurrir que los hijos comiencen a acusar a sus padres porque les han dado una mala carga genética o porque la conducta de los padres ha llevado a un comportamiento negativo de los hijos. Una investigación canadiense, por ejemplo, indaga la relación entre la condición de fumadora de la madre durante el embarazo y la experimentación con drogas del hijo durante la pubertad. Después de los primeros resultados, los investigadores concluyen que en algunos casos el tabaquismo de la madre influye en que cambie la parte del cerebro que controla la capacidad del sujeto de no volverse dependiente de las drogas. Aproximadamente en el 5% de las personas cuyas madres fumaron se desarrolla una dependencia de las drogas como resultado de un cambio en el cerebro. El problema de esta investigación es que los investigadores debieron admitir que también los jóvenes cuyas madres no fumaban quisieron experimentar con drogas durante la pubertad, y que los que lo hacen durante mucho tiempo pueden como consecuencia desarrollar mutaciones en la parte del cerebro que controla la dependencia. ¿Quién es entonces responsable de la dependencia? Una parte de la población, cuyas madres fumaban, puede hacer responsable a la madre por su dependencia; otra parte de la población evidentemente tiene que asumir que la responsabilidad es propia. Pero ambas al fin y al cabo podrán culpar a las mutaciones en el cerebro.

Más inusuales aún son las investigaciones sobre el cerebro que se ocupan de nuestro deseo de castigo. Investigadores de la Universidad de Yale, en los Estados Unidos, indagaron si las personas castigarían a otras por un delito. Cuando los consultados decidían contestar, al principio se les activaban las partes del cerebro responsables de la inhibición. En el cerebro parece haber una lucha: primero no estamos del todo convencidos de que esté bien castigar, pero rápidamente este freno cede y aparecen en el cerebro las zonas relacionadas con la recompensa y nos dan cierta satisfacción. Las personas que más se inclinaban por castigar mostraban una gran satisfacción al pensar en el castigo. Esta satisfacción era parecida a la que nos daría comprarnos un vestido caro que hemos deseado mucho tiempo o encontrar dinero por la calle. Lo importante es que la satisfacción no es esperada. Un millonario que se compra una cadena de oro no mostraría una satisfacción en el cerebro como la que sí mostraría una persona pobre que no puede permitirse comprar una cadena.

¿Cuál es el lugar de la ley en estas nuevas investigaciones de las neurociencias? Los defensores a ultranza de la idea de que la neurociencia nos ofrece una mirada clave en nuestra forma de entender la moral afirman que la ley es una continuación de la fricción cerebral interna con otros medios. Así, el legista será una persona que tiene bajo control los centros de satisfacción que se disparan con el castigo. En él serían más fuertes los centros que detienen el deseo de recompensa. Al contrario, el criminal carecería de este freno. En él se activarían los centros asociados a la satisfacción ante el castigo.

Los problemas para averiguar qué más hay en nosotros que nosotros mismos, qué nos hace morales y qué nos hace infractores, han acompañado a todas las civilizaciones. También lo que hay en nuestros pensamientos ha sido objeto de muchas teorías. El cambio que ha ocurrido en nuestros días es que esperamos encontrar la verdad última escudriñando el cerebro. Vivimos en tiempos en que resulta muy difícil enfrentarse a algo indeterminado e intentamos por todos los medios pronosticar e impedir los riesgos probables. No hay nada de malo en la curiosidad de la ciencia que intenta averiguar qué hay por descubrir en nuestro cerebro; el problema aparece cuando los medios y la sociedad en general (digamos, su sistema legal) buscan en el cerebro la solución a problemas sociales, cuando se destinan grandes cantidades de dinero a investigaciones que intentan, a partir del cerebro, pronosticar el comportamiento de las personas, y cuando la industria farmacéutica recauda con la producción de medicamentos que prometen cambiar nuestras vivencias. Hay una gran diferencia entre tener un cerebro y lo que hacemos con él como presuntos seres libres. Es parecido al hecho de tener una computadora y qué hacer con ella. No podemos estar sin disco rígido, pero si vamos a quedarnos mirándolo no vamos a crear nada nuevo con la computadora.

¿PENA DE CÁRCEL O TRANSFORMACIÓN GENÉTICA?

La corte de Trieste recibió en el año 2010 la apelación del argelino Abdelmalek Bayout, condenado por el asesinato de un hombre que lo desafió porque estaba maquillado alrededor de los ojos con fines religiosos. Bayout había sido condenado a nueve años y dos meses de prisión. La pena era bastante leve por circunstancias atenuantes vinculadas a la enfermedad mental. Cuando Bayout apeló, el juzgado pidió aún más opiniones de peritos psiquiátricos. El abogado defensor de Bayout prefirió pedir ayuda a un genetista; este, en principio, podría probar que el acusado estaba determinado por la genética para la violencia. Como afirmó el genetista, existen en el argelino pruebas científicas sobre la expresión de los genes que nos llevan a concluir que no podía evitar el comportamiento violento. Para el juez, la opinión de los peritos fue concluyente. Cuando la corte se expidió, declaró que es posible afirmar que Bayout está genéticamente determinado a volverse agresivo en situaciones de estrés; por eso redujo su condena a ocho años.

El caso habría sido olvidado pronto en los anales de la práctica jurídica si no hubiera ocurrido justo en el mismo momento en que, al otro lado del mundo, los científicos intentaban probar la existencia de un "gen del guerrero". En efecto, en Nueva Zelanda algunos genetistas confirmaron que los pobladores originarios, los maoríes, tenían una tendencia genética a la agresión mayor que el resto de la población. Por el llamado "gen del guerrero", los maoríes tenderían más a la violencia y la osadía. La mirada neodarwinista sobre el comportamiento humano proviene de la tesis de que los maoríes atravesaron una larga historia viviendo en circunstancias de mucho riesgo, en que debían estar siempre listos para luchar y era difícil sobrevivir. Su estructura genética se modificó, de modo que desarrollaron el llamado gen del guerrero, que les habría permitido sobrevivir con mayor facilidad. Aunque muchos científicos se horrorizaron con semejantes afirmaciones, se cuestionó si las enzimas vinculadas al funcionamiento de los neurotransmisores, como la serotonina y la dopamina, influyen en los sentimientos de las personas y en consecuencia en su comportamiento. Una vez más se formuló la pregunta de si las personas tienen libre albedrío o su comportamiento es algo sobre lo cual en realidad no tienen control. En opinión de algunos otros científicos, el hecho de que haya muchos maoríes en prisión no está vinculado con que a lo largo de su historia se hayan vuelto agresivos y hasta al borde de la psicosis, sino con que han sido oprimidos desde hace ya 160 años, los colonizadores los expulsaron de sus tierras y los humillaron y el aparato judicial sigue tratándolos como ciudadanos de segunda. Los maoríes no son los únicos pobladores originarios acusados de conductas violentas.

Las mismas acusaciones se les han hecho a los inuit, a los métis —los indígenas canadienses— y, por supuesto, a los aborígenes australianos.

Las teorías que explican por qué alguien es violento han cambiado radicalmente a través de la historia. Cada forma de exclusión social a menudo necesita una teoría que legitime la exclusión. Como afirmó el filósofo francés Étienne Balibar, las personas necesitan una teoría para aceptar sus propios actos. Es mucho más fácil excluir al otro o ser violento contra él si tenemos una teoría que nos diga por qué está bien hacerlo. Pero las teorías en las que nos escudamos cambian. La persecución racial se basaba primero en teorías sobre las diferencias biológicas de las razas; con el ascenso de la antropología la teoría cambió. En lugar de apelar a las diferencias biológicas, los racistas comenzaron a escudarse en las diferencias culturales para poder legitimar su violencia. También en la criminología existió primero la tesis de que se nacía criminal. La primera criminología se apoyaba fuertemente en la frenología —la ciencia que con mediciones craneanas y el análisis de otros signos corporales intentaba predecir quién podía llegar a ser un criminal en potencia—. En la exposición *Crimen y castigo*, que ayudó a montar en el Musée d'Orsay el legendario ex ministro de Justicia francés Robert Badinter, estaban exhibidos los instrumentos de medición que más de un siglo antes habían servido a los criminólogos para analizar las características corporales de los criminales. Un entusiasta de la ciencia frenológica de la época fue el célebre pintor Edgar Degas, que en algunas de sus esculturas de bailarinas juega con la forma de la cabeza de un criminal en potencia.

El siglo pasado se orientó a la búsqueda de teorías sociales sobre el comportamiento criminal; en este siglo volvemos atrás, a la biología. Algunos científicos se ocupan de cómo prever el potencial comportamiento delictivo; otros, de cómo manipular el cerebro para que las personas cambien su moral o de "reprogramar" el cerebro para obtener cambios en el comportamiento. Hoy creemos tanto en la genética que, por ejemplo en los Estados Unidos, aquellos que deciden someterse a la reproducción asistida con un banco de esperma, al decidir qué esperma elegir, no solo consideran las características físicas del donante sino también su religión, su educación, sus convicciones y demás.

La fe en la genética abre la puerta al temor de que volvamos a las viejas ideas de "limpieza" genética que se pusieron en marcha sobre todo en tiempos del nazismo. (Una idea de intervención genética un poco diferente, pero no menos violenta, eran las violaciones perpetradas por los serbios a las mujeres no serbias durante la guerra de Bosnia… con la violación y su consecuente embarazo forzado pretendían ensuciar la sangre bosnia). No obstante, la idea de que la sociedad intervenga en la forma de traspasar los genes de una generación a otra es más antigua que el nazismo. Uno de los intentos más famosos de validar la eugenesia en la vida real sucedió en los Estados Unidos a mediados del siglo XIX. En 1848, John Humphrey Noyes, junto con otros cincuenta partidarios de la idea, fundó en el estado de Nueva York la comunidad Oneida, que se basaba en la idea del perfeccionismo. Esta comunidad decidió por una parte practicar el perfeccionismo cristiano y formar así una comunidad espiritualmente perfecta. Por otra parte, decidieron también formar un sujeto perfecto en su aspecto físico. Con la planificación de la reproducción crearían personas con un intelecto elevado, que se realizarían en la perfección como sujetos y al mismo tiempo formarían una comunidad perfecta espiritualmente elevada. Buscaban una especie de reino de los cielos en la tierra, donde los sujetos perfectos cuidarían también de conservar los objetivos de la comunidad. Para lograr esto, los miembros de la comunidad comenzaron a practicar una forma de eugenesia: reorganizaron la vida familiar, clasificaron a la gente de acuerdo con sus cualidades, capacidades y crecimiento espiritual, y establecieron nuevos mecanismos de control social. Crearon una nueva relación con la muerte, nuevas relaciones entre los hombres y las mujeres, entre padres e hijos, y también organizaron el trabajo en comunidad. Comenzaron a practicar un sistema llamado matrimonio complejo, que se basaba en que los miembros de la comunidad debían amarse por igual los unos a los otros, y a la vez empezaron a introducir una forma de control de la natalidad a través del *coitus reservatus*. La idea más importante de esta comunidad era crear niños por encima de la media. La pareja que quería un hijo debía informar su deseo a la comunidad; esta luego dictaminaba si los padres potenciales tenían buena base física y espiritual para dar un hijo perfecto. Si alguno de los integrantes de la pareja mostraba signos de imperfección, la comunidad decidía elegir a un miembro más perfecto que él. Los hijos que nacían eran criados en grupo, porque consideraban que el amor materno era nocivo para el niño. En el año 1881, cuando se disolvió, la comunidad tenía más de trescientos miembros. Paradójicamente, la mayoría de los miembros de esta comunidad se adaptó muy bien también a la vida posterior. Estaban bien educados y tuvieron una buena posición social. Los defensores de la eugenesia afirmaron entonces que el éxito de estas personas estaba asociado a sus buenos genes, mientras que otros sostuvieron que era más bien la consecuencia de la vida sana en la comunidad, de un buen sistema de educación y de la buena alimentación. El conocido antropólogo británico Francis Galton, que dio una base científica a la eugenesia, escribió en aquel tiempo un libro sobre la genialidad heredada. Los miembros de Oneida lo promovieron mucho. Y agregaron la idea de que los genes no solo transmiten las características físicas del sujeto, sino también su moral y espiritualidad.

Hoy vivimos en una sociedad que nos hace imaginar que la ciencia podría en el futuro posibilitar la vuelta al ideal del ser humano perfecto. El problema de la gran fe en la genética, que muestra el ejemplo de buscar las causas de la violencia en la estructura genética del ser humano, es que ya no se lo considera un ser capaz de libre albedrío y que a causa de presuntas diferencias genéticas se estigmatiza drásticamente. La fe acrítica en la genética consolida así nuevas formas de exclusión y a la vez crea la ilusión de progreso, de que la ciencia podría permitir "reparaciones" genéticas. Bien podríamos imaginar que, en el futuro, en lugar de enviarlos a la cárcel, se enviará a los criminales a una clínica de transformación genética. Entonces en verdad se alcanzaría el ideal de la eugenesia: la gente sería toda igual y perfecta.

EL GEN DEL DINERO Y EL GEN DEL ARTE

¿Qué ocurriría si se descubriera que Hilda Tovšak, la empresaria de la construcción condenada por sobornos y fraude[5], tiene un gen muy desarrollado para el dinero? Pongamos por caso que los científicos descubrieran que, por el funcionamiento de ese gen, Tovšak no podía controlar su avidez por el dinero y por eso siguió cocinando los balances de la empresa Vegrad. No podía parar ni siquiera ante el dinero que debían cobrar las familias de los trabajadores fallecidos. Si en efecto hubieran descubierto ese gen, con la defensa adecuada Tovšak seguramente habría eludido las garras de la ley y en lugar de ir a la cárcel la habrían enviado a un tratamiento para intentar aplacar el desenfrenado funcionamiento de su gen del dinero. Si los investigadores hubieran llegado a la conclusión de que el funcionamiento del gen puede disminuir con la meditación, seguro la encontraríamos en Bután, donde estaría entregada a una transformación espiritual y los monjes budistas la tendrían a raya si se le ocurriera construirles un complejo de departamentos lujosos en el Himalaya.

En su novela Το γονίδιο της αμφιβολίας [*El gen de la duda*], el escritor griego Nikos Panagiotopoulos reflexiona sobre qué ocurriría en la sociedad si se descubriera el gen del arte. Cuando en la sociedad del futuro un médico

5. Hilda Tovšak es una política y una empresaria de la construcción eslovena. Fue directora de la empresa Vegrad, que llamó a convocatoria de acreedores en el año 2010, cuando estaba en venta el mayor complejo de departamentos hasta el momento en Ljubljana, Celovški dvori, que la empresa construyó y puso a la venta en medio de la crisis. En 2012, Tovšak fue además declarada culpable junto con otros empresarios de sobornos en la convocatoria para la construcción de la torre de control del aeropuerto de Ljubljana en el caso conocido como *Čista lopata* [Pala Limpia]. [N. de la T.]

descubre este gen, la sociedad comienza a cambiar drásticamente. Al principio, muchos artistas consagrados se resisten a hacerse la prueba genética, pero después de un tiempo las editoriales empiezan a decidir la publicación de las obras de jóvenes autores sobre la base de la confirmación del gen del arte. Así los adolescentes comienzan a publicar libros, cuyo valor reside solo en el hecho de que su autor es portador del gen correcto. Poco a poco, también los escritores más viejos van cediendo a la presión de hacerse la prueba, y si se confirma que son portadores del gen, sus carreras empiezan a ascender en forma sideral, y si no, pronto nadie compra sus libros. Los descendientes de los pintores aficionados empiezan a desenterrar sus huesos, y si encuentran en ellos el gen correcto, el precio de mercado de sus cuadros aumenta en forma sideral. La novela sostiene que la base de la creación artística es la duda, y cuando aparece el gen del arte, el poder de la duda desaparece. Por eso en la sociedad que se basa en certificados genéticos, al final no queda mucho del verdadero arte.

Hace algunos años me invitaron a participar de un congreso en Cambridge en torno del sexagésimo aniversario del descubrimiento del ADN. Los organizadores me pidieron que diera una visión desde afuera de la genética, en especial sobre el problema de la angustia que generan las posibilidades de elección cada vez mayores que ofrecen las investigaciones genéticas actuales. Un dato curioso sobre el congreso es que además de todos los fascinantes estudios sobre las posibilidades de la genética que presentaron los investigadores de las mejores universidades del mundo, tuvieron un gran peso las empresas recientes que se dedican a la tecnología genética. El representante de una de ellas, que procesa información genética por computación, me explicó entusiasmado durante la cena que en cuestión de poco tiempo vamos a tener una aplicación en los teléfonos con nuestra información genética. Va a ser posible vincular esta aplicación con la de otras personas, y cuando por ejemplo vayamos a una cita con una potencial pareja, nuestras aplicaciones comprobarán de inmediato si tenemos con ella compatibilidad genética y qué problemas genéticos pueden aparecer en el futuro. Desafié a mi interlocutor preguntándole si suponía que la gente que, por ejemplo, con esa aplicación recibiera la información de que su pareja potencial tiene muchas probabilidades de enfermar de cáncer, la rechazaría por eso. Su respuesta fue muy pragmática: tal vez es una información muy dura, pero le da a la persona la posibilidad de elegir si quiere o no estar con alguien a quien le espera una grave enfermedad.

La respuesta parece muy cruel. Y de hecho la crueldad vinculada a la genética ha dominado de otros modos el mundo de los negocios. La Corte Suprema de los Estados Unidos examinó hace años el caso de la empresa Myriad Genetics, que patentó los genes BRCA1 y BRCA2, cuyas mutaciones están íntimamente relacionadas con el cáncer de mama y de ovarios. Como la empresa tenía la licencia de estos genes, ganó mucho dinero con las pruebas y a la vez se hizo propietaria de una gran base de datos relacionada con las investigaciones ya realizadas de este gen.

La Corte Suprema trató el debate de la patente de los genes en el contexto de la reflexión sobre qué es un objeto de la naturaleza, que no podemos patentar, y qué es un hallazgo humano, que sí podemos patentar. Uno de los defensores del derecho a patentar genes subrayó que había que ver lo que había hecho Myriad Genetics a la luz de la metáfora del árbol y el bate de béisbol. Es cierto que el bate está hecho de una rama que fue parte del árbol (y por ende, parte de la naturaleza), pero cuando alguien corta la rama y hace un bate con ella, el material natural se habrá convertido en algo que podemos patentar. La jueza de la Corte Suprema de los Estados Unidos Sonia Sotomayor opuso a esta idea otra metáfora. Dio el ejemplo de alguien que hace unas galletas con harina, huevos y chocolate y decide patentarlas. Si estamos de acuerdo en que estas galletas se pueden proteger con una patente, sería insensato que alguien intentara también patentar aquello de lo que están hechas: la harina, el chocolate y los huevos. En opinión de la jueza Sonia Sotomayor, los genes son solo naturaleza que simplemente existe, y no algo que alguien ha creado. Por supuesto, sus adversarios le objetan que, aunque los genes siempre existieron, quienes los aislaron hicieron un trabajo intelectual: determinaron dónde empieza y termina el gen y le dieron un nombre, por eso ahora tienen derecho a la patente.

Myriad Genetics perdió la batalla legal sobre el patentamiento de los genes y emprendió nuevas batallas por el acceso a la base de información sobre las mutaciones genéticas que posee la empresa. Ya en tiempos de la batalla legal sobre el patentamiento de los genes, muchos ginecólogos se rebelaron contra la empresa en los Estados Unidos y comenzaron a construir su propia base de datos pública sobre los genes que investiga Myriad Genetics. Luego de que la empresa analizara los genes de pacientes individuales por grandes sumas de dinero, los médicos, con el consentimiento de las pacientes, enviaban el análisis genético a la nueva base de datos pública, que hoy resulta de gran ayuda para los investigadores.

El debate acerca de si una empresa puede ser propietaria de algo que es parte esencial del cuerpo humano está ocurriendo en tiempos en que la genética se desarrolla a toda velocidad y se abren posibilidades insospechadas de descubrir distintos tipos de enfermedades y sus tratamientos… y por supuesto, se abren también posibilidades excepcionales de obtener ganancias. Las empresas que defienden las patentes afirman que la revocación de patentes es injusta, porque han invertido décadas en investigación, y la revocación de las patentes amenazaría seriamente la continuidad de sus trabajos de investigación. Los opositores al patentamiento de los genes dicen que las patentes muchas veces impiden el acceso de las personas a su propia información genética e impiden el desarrollo científico. Además, existe el temor de que en el futuro alguien pueda decidir proteger con una patente cosas tan comunes y corrientes como nuestro hígado o las hojas de los árboles.

La genética permite hoy pronosticar cada vez más acerca de qué enfermedades pueden esperarnos en el futuro, y las personas se encuentran ante la difícil decisión de enterarse de este pronóstico o no. Hace un tiempo propuse a mis alumnos el desafío de que pensaran si querrían saber los resultados de su análisis genético si les dijera claramente que existe una alta probabilidad de que en diez años contraigan la enfermedad de Alzheimer. Alrededor de la mitad de los estudiantes afirmó que querría conocer esa información; la otra mitad dijo que no. Muchos de los que querrían conocerla justificaron su respuesta con el hecho de que la información los ayudaría mucho en su forma de vivir el amor. Si se dieran cuenta de la brevedad de la vida, disfrutarían mucho más del amor, serían más indulgentes con sus parejas y en general intentarían vivir lo mejor posible. El grupo que decidió que no quería saber si tenía una predisposición genética para el Alzheimer también encontró la causa de su decisión en el amor. Afirmaron que si llegaran a saber que tenían poco tiempo para disfrutar del amor, no empezarían una relación, por eso era mejor no saber qué los esperaba en el futuro. Paradójicamente los estudiantes que querían tener la información acerca de lo que los esperaba, cuando en el transcurso de la conversación supieron que no había ninguna posibilidad de curar la enfermedad, fueron cambiando de opinión. Cada vez más empezó a parecerles que preferirían no saber nada sobre sus genes.

En la vida real la situación es muy distinta. El profesor de Harvard Robert Green ha demostrado que en su práctica muchos pacientes quieren saber si los espera una grave enfermedad. Resulta sorprendente que los que reciben la mala noticia no se atemoricen tanto. Más sorprendente aún es que se atemoricen todavía menos los que se enteran de que tienen una gran probabilidad de contraer dos enfermedades graves, por ejemplo Alzheimer y problemas coronarios. Aunque los médicos les digan que no pueden hacer demasiado para eludir esas enfermedades, la mayoría cambia su estilo de vida, empieza a hacer actividad física, a tomar vitaminas y demás.

Cuando me fui de Cambridge, la historia de los genes adquirió una nueva faceta. Conversando con el taxista me enteré de que el propietario de la empresa de taxis era su yerno, completamente ciego, que había perdido la vista por una enfermedad genética. Había empezado a perder la visión a los quince años y cuando llegó a los veintitrés, su mayor deseo había sido ver por última vez su lugar de nacimiento con la poca vista que le quedaba. Decidió saltar con paracaídas y mirar así una gran porción del paisaje que ya no volvería a ver. Este joven conoció luego a una chica en una fiesta y cuando se casaron, él pergeñó la idea de su primera empresa; se trataba de una empresa de decoración ceremonial. Cuando nacieron sus dos hijas, fundó otra empresa, esta vez de organización de cumpleaños para niños. Y cuando descubrió que los taxis en Cambridge eran cada vez más caros, fundó una empresa que ofrece viajes a precios más moderados. A pesar de todo el dinero que recauda, su mayor deseo es poder ver al menos durante diez minutos a su mujer y a sus hijas. Daría todo su dinero por eso.

Si realmente existiera un gen del dinero, podríamos pensar que lo tiene este joven que, por lo demás, sufre por la malformación genética que le ha quitado la vista. Bueno, si alguna empresa patentara en el futuro un gen del dinero, bien podemos imaginar que todo aquel a quien le descubran el gen deberá pagarle a la empresa un porcentaje por su patente.

Padres e hijos

EL SENTIMIENTO DE (IM)POTENCIA DE LOS PADRES

E N LAS ÚLTIMAS DÉCADAS han ocurrido muchos cambios en la forma de entender la paternidad y la maternidad. En especial en el mundo desarrollado y entre las personas de clase media, se ha ido afirmando la convicción de que los padres, con actos premeditados, pueden influir drásticamente en el desarrollo de los hijos y que de eso depende en qué sentido irá la vida del hijo.

No podemos negar que los padres son muy importantes para el desarrollo de los hijos. Pero con el avance del individualismo en la sociedad se ha sobredimensionado su importancia. Antes, en el desarrollo del niño, también eran importantes la calle, el vecindario, la familia ampliada; hoy son más o menos los padres quienes se ocupan de las actividades de los hijos por la tarde, de la tarea, de sus diversiones. Se ha creado cierta sensación de poder absoluto de los padres. Algunos padres jóvenes, por ejemplo, no permiten a sus padres que pasen demasiado tiempo con los nietos, porque temen una mala influencia, o eligen con mucho cuidado a los niños con los que su hijo va a jugar.

Por un lado, los padres se preguntan qué es lo mejor para el desarrollo de sus hijos; por el otro, les preocupa también qué piensan los hijos de ellos. Un estudio inglés ha demostrado que hoy los padres tienen gran temor de que los hijos no los quieran. Por el temor condicionado por el narcisismo, a los padres les resulta cada vez más difícil poner límites a los hijos. Cuando le decimos a un hijo que no, en efecto tenemos que tolerar que el hijo no nos demuestre cariño sino un odio y enojo desembozados.

Cómo ser buenos padres y cómo sería el hijo ideal son problemas que suelen comenzar antes del nacimiento. Los padres deben decidir, por ejemplo, a qué pruebas genéticas van a someterse para tener un hijo lo más sano posible, qué tipo de música le van a hacer escuchar cuando esté todavía en el útero, qué tipo de parto van a realizar para recibir de la manera más bella posible al hijo cuando llegue a este mundo y, por supuesto, todo lo que van a hacer con ese hijo desde los primeros meses de vida. Los estadounidenses han anticipado el cuidado hasta antes de la concepción. Toda mujer desde sus primeras menstruaciones hasta la menopausia puede llegar a concebir. El movimiento por un embarazo saludable considera a esas mujeres en estado de "preconcepción", y les recomienda que, sin importar si se proponen tener un hijo o no, tomen ácido fólico, no fumen ni tomen alcohol y practiquen actividad física con regularidad. Como la mitad de los embarazos ocurre sin planificación, la responsabilidad de las madres en potencia es estar siempre preparadas para darle al embrión potencial las mejores posibilidades desde el comienzo.

Cuando el hijo nace, los padres también deben pensar en cómo asegurarle las mejores posibilidades para una vida en salud en los años o décadas siguientes. Hoy muchas personas pagan grandes sumas de dinero para guardar sangre del cordón umbilical. Aunque la ciencia no está en modo alguno convencida de que las células madre de esa sangre lleguen a ser algún día de utilidad para curar enfermedades raras, muchos padres son acosados por un sentimiento de culpa si no guardan esa sangre por las dudas. Si la conservan en bancos privados, deben también contar con la posibilidad de que la empresa quiebre. ¿Y qué ocurrirá entonces con el material almacenado? En China, donde crecen como hongos después de la lluvia las clínicas que ofrecen curas con células madre, tienen también el problema de que muchas veces no está claro qué les inyectan a los enfermos que esperan una cura mágica con células madre.

La creencia de que el cordón umbilical tiene un especial poder existía ya en el pasado. En Uganda, la tribu Baganda cree que, luego del nacimiento del futuro rey, hay que guardar el cordón umbilical, porque este representa un gemelo muerto en el útero, un hermano del niño que ha nacido. Este gemelo simbólico recibe luego especiales honores y se considera un protector mítico del niño que ha nacido. Luego del nacimiento, guardan el cordón en un frasco a propósito para la ocasión y lo usan cuando el joven es coronado rey. Si el cordón no está bien guardado, existe el gran riesgo de que el rey no tenga suficiente poder para gobernar. También cierta tribu de indios norteamericanos cree que el cordón umbilical tiene un poder protector particular. Luego del nacimiento, lo secan y lo cuelga como un collar protector del cuello del niño.

La mitología sobre lo que podría proteger al niño no cambia demasiado, por eso cambia la idea de cómo los padres pueden influir en el desarrollo del niño. Donald Winnicott, uno de los más grandes psicoanalistas dedicados a la infancia, formuló la tesis de que alcanza con que la madre sea suficientemente buena. Hoy parece que esa idea ya no es válida, sino que la madre debe volverse excelente. Debe procurar estar en forma ya antes del parto, y después tiene que pensar todo el tiempo si hace las cosas de modo tal que su influencia procure siempre el mejor desarrollo posterior del niño.

Las investigaciones más recientes sobre el desarrollo del niño pronto pueden llegar a disuadir a la madre de escuchar música mientras lleva el cochecito, porque los niños cuyos padres o personas a cargo escuchan a menudo música con auriculares parecen tener un retraso en el desarrollo del habla.

Claro que la mayoría de los especialistas concuerda en que es muy importante que los padres hablen mucho con ellos ya desde bebés, aunque el niño no pueda responder con palabras. Las investigaciones prueban que no da lo mismo cómo interpelamos a los niños en su etapa más temprana. Una investigación francesa analiza videos familiares para estudiar las diferencias en la forma de comunicación de la madre con los bebés que luego desarrollan autismo y los que no. Con los bebés que luego fueron diagnosticados con autismo, las mamás, aunque sí hablaban, lo hacían más bien en un monólogo; no hacían muchas preguntas dirigidas al niño ni tenían demasiadas variaciones en el tono de la voz. A menudo hablamos con el bebé con una voz un poco suavizada y le hacemos muchas preguntas ("¿Qué pasa, chiquitito? ¿Qué mirás tan curioso?"). Claro que no esperamos respuesta a esas preguntas, son un signo de que intentamos incluir al niño en la conversación y de que mostramos interés en él. Si en los niños autistas hubo menos cantidad de esas preguntas y menos palabras amorosas al hablarles, sin duda podemos preguntarnos si el niño ya desde el comienzo estuvo un poco encerrado en sí mismo y por eso los padres lo interpelaban menos o si con una forma de comunicación sin muchas preguntas ayudaron a que después el niño se cerrara.

La dinámica entre el niño y el adulto es muy compleja desde la infancia temprana, y eso lo sabían bien los investigadores sobre depresión posparto; descubrieron que algunas madres que caían en depresión tenían bebés que lloraban mucho. Aparentemente, con su llanto, intentan "despertar" a la madre de la depresión.

Por supuesto, no es posible aprender racionalmente a comunicarnos, y por mucho que leamos muchos libros sobre cómo criar a los niños, no necesariamente vamos a cambiar algo en la relación con ellos, porque esta se expresa en general en el nivel inconsciente, en lo que decimos entre líneas. A la vez, también el niño siempre interpreta a su modo nuestros mensajes (no) pronunciados y se hace su propia imagen de lo que significa para los padres. La psicoterapeuta de niños Catherine Mathelin escribe sobre un niño, Arturo, a quien los padres llevaban a consulta porque no dejaba de hacer dibujos con contenidos agresivos. Su motivo favorito eran los dinosaurios que masacraban enormes huevos de los cuales salían pichones. Los padres tenían una elevada formación y le dijeron a la terapeuta que en su familia todo se conversaba siempre con sinceridad y que entre ellos no había secretos. Contaron también que un tiempo antes se les había muerto un bebé a poco de nacer y que habían hablado mucho de este trauma con Arturo. En una conversación privada con la terapeuta, la mamá agregó que ya antes del nacimiento los médicos le habían dicho que el bebé nacería con muchos problemas y que había pocas probabilidades de que sobreviviera mucho tiempo. En su desesperación, la mamá le preguntó al médico si había alguna posibilidad de poner fin al embarazo. El médico negó esta posibilidad, y poco después del nacimiento el bebé murió. Después de su muerte, a la mamá la mortificaba un horrible sentimiento de culpa y se preguntaba si quizá el médico por le sugerencia de ella había contribuido a la muerte del bebé de alguna manera. La terapeuta interpretó que Arturo en realidad notaba ese sentimiento de culpa y que con sus dibujos de dinosaurios que masacraban huevos intentaba mostrarle a la madre que no había nada de malo en que ella hubiera pensado en masacrar al bebé. Aunque los padres habían intentado contarle todo a Arturo sobre la situación traumática de la familia, no podían decirle con palabras su sentimiento de culpa. Sin embargo, Arturo igualmente lo notó y trató de encontrar una solución para eso a su modo.

Sin importar cuánto los padres esperen conseguir un determinado resultado con acciones premeditadas, deben resignarse a que los niños no pueden programarse y siempre interpretarán estas acciones de sus padres a su manera. Cada generación hace también su propia interpretación de lo que significa una buena paternidad, y rebelándose contra los padres trata de criar a los niños de una nueva forma. Por eso no debe sorprendernos que nuestros hijos intenten influir en modos que no nos resulten comprensibles en lo más mínimo. Seguro que ellos también harán algo con el cordón umbilical que une a la nueva generación con la vieja.

EL DESEO INSACIABLE DE MATERNIDAD

El nacimiento de octillizos en los Estados Unidos en el año 2008 abrió un nuevo debate acerca de la elección y la reproducción. El hecho de que la madre, Nadya Suleman, madre soltera, tuviera ya seis hijos, todos concebidos por fertilización *in vitro*, disparó la pregunta por la posibilidad de poner un límite al número de hijos que una mujer debe concebir con la ayuda de la medicina y, en particular, cuántos óvulos fecundados es recomendable transferirle de una sola vez. A Nadya Suleman se le transfirieron seis óvulos fecundados a la vez, que habían quedado de su anterior fecundación. (Dos huevos se dividieron luego, por eso dio a luz a ocho hijos). Cuando le preguntaron por qué se había hecho transferir tantos óvulos fecundados, Suleman respondió: "Son mis hijos, estaban disponibles y los usé. Me arriesgué. Es un riesgo. Es siempre un riesgo".

Suleman mostraba un deseo insaciable de maternidad. Siempre había querido tener una gran familia. Puesto que era hija única y sus padres no la habían educado junto con otros niños, como adulta quería enmendar este daño volviéndose una madre amorosa y abnegada. Angela Suleman, la madre de Nadya, dijo que Nadya había intentado persuadir a su novio para que donara el esperma para catorce niños, pero no quería casarse con él: "Él la amaba y quería casarse con ella. Pero Nadya quería tener hijos sola". Es importante apuntar que Nadya Suleman es una persona religiosa, por eso les dio a los octillizos nombres bíblicos. Cuando le preguntaron si alguna vez había pensado que no tenía medios económicos para mantener a una familia tan grande, dijo: "Siempre he pensado que Dios proveerá".

El caso de Nadya Suleman suscitó una serie de preguntas sobre la posibilidad de limitar la elección en la reproducción asistida. En primer lugar, la pregunta por la imposición médica y su capacidad de poner un límite a las pacientes que solicitan fertilización asistida, en los casos en que tengan ya bastantes hijos o sean económica o psíquicamente incapaces de cuidarlos. La segunda pregunta se relaciona con el límite de óvulos fecundados que deben transferirse una misma vez. Esta cuestión está asociada a la previsión de posibles riesgos, ya que transferir muchos óvulos fecundados puede dañar a la madre y a los hijos. La tercera pregunta se vincula a los límites que podría poner el donante, el padre biológico, respecto de cuántas veces puede usarse su esperma en un proceso de fecundación y cuántos niños debe concebir por esta vía en general y con una mujer en particular.

Si consideramos estas cuestiones a través de la teoría psicoanalítica, nos preguntaremos si en el caso de una mujer que tiene tantos hijos no estaremos ante una estructura psicótica subyacente. Si la mujer presenta tal avidez insaciable por tener hijos, ¿qué significa en realidad el hijo para ella? En el caso de Suleman es cuestionable el hecho de que tuviera óvulos fecundados como extensiones de ella misma que no debían desperdiciarse; que nunca se preguntara qué iba a decirle al donante que ahora era el padre biológico de tantos hijos; que jamás se preguntara cómo iban a tomar sus hijos la decisión de ella de tener tantos y que nunca haya pensado cómo iba a mantener económicamente a su familia. Muchos comentarios de este caso advertían que el rostro de Suleman era sorprendentemente parecido al de Angelina Jolie y que era probable que se hubiera sometido a cirugías plásticas para parecérsele. Como además Angelina Jolie tiene muchos hijos, podemos pensar que se trata también de un deseo de imitarla.

Nadya Suleman usa a menudo en su discurso la palabra "quiero"[6]. Su explicación sugiere que necesita a los hijos, y eso es algo completamente distinto del deseo de tener hijos. Cuando estamos atrapados en la dialéctica del deseo, a menudo no sabemos racionalmente qué es lo que en realidad queremos. Vamos de un objeto a otro y tenemos la sensación interminable de que no es lo acertado. Por eso los deseos nos dan a menudo una gran insatisfacción.

En el tema de la reproducción, la cuestión del deseo suele desempeñar un papel importante. Muchas mujeres están divididas porque no pueden tomar la decisión de tener hijos. El deseo de tener un hijo a menudo enfrenta a la mujer con la pregunta de si fue deseada o no por sus propios padres. Ante la imposibilidad de decidirse, las mujeres suelen subrayar la influencia que tiene en ellas el deseo de tener hijos de sus propias madres (o la ausencia de ese deseo).

La psicoterapeuta estadounidense Phyllis Ziman Tobin ha tratado a muchas mujeres que tenían problemas para decidir si tener un hijo o no. A menudo mencionaban la división interna de sus propias madres ante esa

6. "*I want…*", que, aunque puede traducirse como "quiero…", está más ligado a la falta y la necesidad. [N. de la T.]

pregunta. Esto ocurría en especial a madres que debieron enfrentar estereotipos culturales conflictivos sobre la maternidad, de los que ha habido muchos en los años sesenta y setenta del siglo pasado, cuando muchas mujeres estadounidenses empezaron a trabajar pero continuaba siendo dominante el ideal de la madre que se queda en casa y cuida de los hijos.

En su imposibilidad de decidirse, algunas mujeres afirmaban que tenían miedo de los cambios y de la pérdida de control que traen aparejada. Les preocupaba también el cambio que provoca el embarazo en el cuerpo, el cambio en el estilo de vida; les preocupaba que algo pudiera andar mal con el bebé. Muchas se preguntaban también qué significaba la palabra "madre", cómo debía comportarse una madre, qué debía sentir y cómo debía lucir. "No quiero ser gorda como mi mamá", respondió una de ellas cuando le preguntaron por qué algunas mujeres no podían decidirse a tener un hijo. Para el psicoterapeuta, esa pregunta va de la mano de lo que significa para una mujer ser igual a su madre. La paciente Jean reveló que su madre había sufrido de depresión posparto y lo mismo había ocurrido con su abuela. A Jean le preocupaba que la historia familiar de la depresión posparto se repitiera. Al mismo tiempo, la madre de Jean le daba a entender que se había sacrificado por los hijos y se había quedado en casa, y que era más feliz desde que había vuelto a trabajar como maestra. La paciente Diana no podía decidirse a tener un hijo porque no podía correr el riesgo de quedar sola con él, como le había ocurrido a su madre. La única forma en que podía enfrentar la idea de la soledad era no tener hijos. Diana temía sobre todo que su matrimonio se acabara si tenía un hijo. No quería que se repitiera la suerte de su madre, que al tener una hija había terminado por separarse del marido. Como la madre de Diana culpaba inconscientemente a su hija por su infelicidad, la indecisión de Diana estaba muy asociada a lo que ella pensaba que significaba para su madre. Cuando el marido de Diana enfermó de cáncer, ella finalmente decidió tener un hijo. La posibilidad de perder al marido apareció de pronto bajo otra luz. Si esa posibilidad la disuadió al principio de tener un hijo, más tarde la impulsó a quedar embarazada.

Aunque las mujeres intentan decidir racionalmente cuándo es mejor tener un hijo, a menudo lo deciden cuando ocurre algo vital, cuando alguien enferma o muere. Esas pérdidas suelen hacer que inconscientemente las mujeres afronten crear una nueva vida.

Cuando una mujer decide por fin que quiere tener un hijo, pero luego descubre que no puede quedar embarazada, sufre un nuevo impacto. Puede que pierda la sensación de que todo es posible. De acuerdo con la forma de pensar actual, el ser humano "puede todo" si tan solo elige bien, de modo que esta pérdida está muy relacionada con la sensación de impotencia.

Los psicólogos que atienden a mujeres infértiles notan que las que no quieren resignarse a que no pueden tener hijos y no quieren dejar de tratarse a menudo no pueden abandonar una cierta imagen de lo que significa tener un hijo. Consideran al hijo como un objeto que las completa o que completará a alguien más, por ejemplo a su pareja o incluso a sus padres.

Tener elección en la reproducción es una herramienta muy poderosa. Aunque a veces decidamos por sí o por no en forma completamente inconsciente, no podemos renunciar al supuesto de que podemos elegir. Aunque no podamos tener un hijo biológicamente, encontramos satisfacción en afirmar que fue nuestra elección. Por eso no es nada raro que una pareja infértil use métodos anticonceptivos aun después de enterarse de que no puede concebir. El uso de la contracepción, en este caso, es una señal de que sigue considerando la concepción como una opción.

La reproducción y la elección tocan de distintas maneras la cuestión de la pérdida. Ante la disyuntiva de tener hijos o no, las mujeres a menudo se preguntan por la pérdida de la autonomía, la posible pérdida de la pareja, la pérdida del control, la pérdida del atractivo físico y hasta por el temor de dejar de ser hijas ellas mismas. Y no tener hijos puede significar perder el futuro, el vínculo que imaginaron, la continuación de la generación; puede significar también la pérdida de la ofrenda que la mujer quiere hacerles a sus padres o a la pareja, y hasta la pérdida de la imagen narcisista: conservar su propia imagen en una versión más joven a través de la hija o el hijo.

Lamentablemente, Nadya Suleman no pudo resignarse a la pérdida. Solo en el futuro podremos saber qué significará esto para sus hijos. Me pregunto si permitirá que sus hijos se separen de ella. Ese es el mayor regalo que la madre puede hacerle al hijo: permitirle que se separe de ella y tolerar esa separación.

LA MATERNIDAD CONGELADA

En la mayoría de los países desarrollados se vive cada vez menos en familias tradicionales; hay nuevas formas: familias monoparentales, familias nuevas de parejas separadas, parejas que no se casan y demás. Hay muchas razones para esto, desde la dificultad de establecer relaciones amorosas hasta la naturaleza del trabajo en el capitalismo, que no permite a las personas demasiada vida privada, y el mayor individualismo promovido por la sociedad de consumo. No hay vuelta atrás a la familia tradicional. Lo que imaginamos como la amorosa familia del pasado tampoco es algo cuya ausencia tengamos que lamentar. Las antiguas familias patriarcales daban poca libertad a las mujeres; ellas debieron librar una prolongada batalla por el derecho a la separación y al aborto, y además en el pasado no se trataba bien a los niños. Hay que leer el libro de Alenka Puhar, *Prvotno besedilo življenja* [*El texto inicial de la vida*], para constatar que se fajaba a los bebés y se los calmaba con vino, y pronto vamos a dejar de glorificar la amorosa familia de nuestros predecesores.

Hoy, como ayer, las personas siguen queriendo tener hijos. Y les resulta de gran ayuda la medicina reproductiva, que ha hecho un gran negocio de este deseo. En los últimos años, en los países desarrollados ha proliferado especialmente la congelación de óvulos. Cada vez es más frecuente que jóvenes mujeres decidan congelar óvulos mientras aún los producen, para poder usarlos tal vez más adelante. Los sociólogos vinculan este fenómeno con la mayor formación de las mujeres, las menores probabilidades de que mujeres con educación encuentren la pareja adecuada y la tendencia general a crear las condiciones adecuadas para empezar una familia. En las sociedades desarrolladas y hasta cierto punto también en las no desarrolladas, ocurre que las chicas superan en conocimientos a los varones. Estas "chicas top", como se las llama, tienen muchas ambiciones en la vida. Primero quieren un buen trabajo, una relación de pareja satisfactoria y solo después deciden tener hijos. Como alcanzar una carrera exitosa toma bastante tiempo y como la mujer está muchas veces bajo la presión del estrés ante la posibilidad de perder el trabajo, el momento de la decisión de tener hijos se posterga cada vez más desde los treinta años en adelante. Contribuye a esto que a una mujer exitosa le cuesta más encontrar una pareja adecuada y que los vínculos amorosos son cada vez más breves en la sociedad actual.

Las mujeres de países donde muchos hombres jóvenes son dependientes de Internet tienen un problema extra al buscar pareja. En Japón han hecho una investigación entre hombres solteros jóvenes y han descubierto que el 60% de ellos no tiene novia. Más sorprendente aún es el dato de que el 45% tampoco quiere tenerla. Eso no significa que la mayoría de los hombres sea homosexual, sino que muchos, en lugar de una novia real, prefieren una virtual. En los últimos años se ha extendido en Japón un videojuego con el que los hombres arman su novia virtual, con la cual luego van incluso de vacaciones. Luego del éxito del primer videojuego con esta idea, el fabricante de videojuegos Konami puso en el mercado una versión mejorada de *Love Plus*. Los hombres descargan este juego en la PSP, lo que les permite tener a su novia virtual todo el tiempo en el bolsillo. Un hotel japonés organizó unas vacaciones de chicos con novias virtuales. El éxito fue rotundo. Los hombres jóvenes estaban encantados porque podían jugar durante horas y horas en un agradable ambiente con sus novias virtuales sin que ellas los molestaran de ninguna manera. Cuando les preguntaron por qué no buscaban una novia real, muchos respondieron que las mujeres eran demasiado complicadas y que los molestaban mucho con sus exigencias.

Las nuevas tecnologías no solo nos ayudan a mejorar la vida, sino que además la cambian drásticamente. Cada invento tiene también su lado negativo. El filósofo francés Jean Baudrillard dijo una vez que cuando las personas aprendieron a hacer barcos tuvieron que enfrentar también el fenómeno del naufragio. Con el uso de las nuevas tecnologías para fines amorosos, el naufragio consiste en cómo establecer vínculos amorosos reales. Si para los hombres japoneses la novia virtual es la pareja ideal, la mayoría de los hombres estadounidenses busca hoy a su novia ideal por Internet. Puesto que la mayoría de la gente en los Estados Unidos se encuentra por las redes, no es más fácil para las personas formar relaciones de pareja sino al contrario, se ha vuelto aún más complicado. Las investigaciones demuestran que las personas han subido mucho la vara para medir a su pareja potencial si la buscan por Internet, donde parecen existir infinitas posibilidades. Así, hacen una lista de características que debería tener la pareja ideal y luego comparan con esa lista a las personas reales que conocen por Internet. De modo que buscar pareja es más o menos parecido a ir al supermercado, donde siempre tenemos la sensación de que podríamos encontrar algo mejor. Paradójicamente, muchas veces tampoco las personas que encuentran a una persona bastante aproximada al ideal están satisfechas, porque enseguida se preguntan por qué alguien que parece ideal se deja llevar por un adulador. Si, por ejemplo, un chico más o menos corriente recibe una respuesta positiva por parte de una chica espléndida, empieza a preguntarse por qué semejante chica le sigue la corriente a un tipo como él. Comienza a sospechar que hay algo mal con esa chica, y por supuesto la fascinación pasa pronto.

Puesto que las relaciones amorosas son cada vez más complicadas, a la "chica top" pronto no le queda más remedio que congelar sus óvulos cuando es relativamente joven y esperar para la reproducción hasta encontrar a una pareja adecuada o, si esto no ocurre, hasta decidirse por la reproducción asistida con el esperma de un donante.

Los cambios en la forma de reproducción en las sociedades desarrolladas han llevado en los últimos años al desarrollo de nichos de mercado de medicina reproductiva en países menos desarrollados. Así, hay centros turísticos en la India que publicitan magníficas vacaciones junto al mar, donde la pareja puede gozar de aire puro y al final de las vacaciones tienen el embarazo asegurado. Estos centros turísticos ofrecen por precios inferiores a los del mundo desarrollado distintas formas de reproducción asistida. Si la mujer a pesar de todo no puede quedar embarazada, le ofrecen una madre sustituta que en lugar de la occidental llevará a cabo el embarazo y el parto. Además de en la India, la subrogación de vientres es hoy un gran negocio también en Ucrania y en Rusia, donde tienen una legislación bastante liberal en lo que respecta a la posibilidad de que la pareja que ha alquilado un vientre lleve al niño al extranjero.

La subrogación de vientres tiene hoy numerosas regulaciones tendentes a hacer al hijo ideal. Por lo general una condición para aceptar a la mujer como madre sustituta es que tenga algún hijo. Los padres que la alquilan temen que quizá no quiera dejar ir al niño después de haberlo dado a luz. Para impedir cualquier tipo de demanda sobre el niño, muchos padres deciden usar los óvulos de otra mujer y así la madre sustituta se vuelve solo "el recipiente" en el que se desarrolla el bebé. Además de impedir la relación biológica con el niño, muchas clínicas intentan encontrar la forma de impedir todo tipo de lazo psicológico. En Rusia, las madres sustitutas dan a luz con una cortina que separa la cabeza del resto del cuerpo. Cuando el bebé nace, la madre ni siquiera lo ve, con lo que se intenta impedir que desarrolle sentimientos por él.

Por supuesto, cabe preguntarse si no es esta una nueva forma de explotación de las personas del Tercer Mundo. Cuando los periodistas formularon esta pregunta a una de las mujeres indias que ya había sido madre sustituta varias veces, ella respondió: "Explotada me siento cuando tengo que trabajar tras la cinta en la fábrica durante doce horas por un par de dólares. Con el dinero que gané como madre sustituta, compré una casa para la familia, mandé a la escuela a los hijos más chicos y a la hija mayor le pagué la boda y le di dinero para pudiera empezar una familia".

Investigadores ingleses han descubierto que hoy más de la mitad de la población pasa las Navidades en familias ensambladas. Junto al árbol de Navidad ya no se reúnen el esposo, la esposa y los hijos, sino nuevas combinaciones de familias, desde monoparentales hasta parejas del mismo sexo y heterosexuales con hijos de distintos matrimonios, y cada vez más participan de estas reuniones las ex parejas, sus padres y demás. Muchos estadounidenses que han tenido hijos con madres sustitutas mantienen un vínculo con ella y su familia. Podemos esperar que en el futuro se reúnan las familias de las madres sustitutas con las familias que ellas han ayudado a formar. Es un hecho que las familias cambian; cómo vamos a aceptar estos cambios como sociedad, cuán abiertos seremos capaces de ser con nuestros conciudadanos que ya hoy viven en formas diferentes de familias es materia de una reflexión que no debe nublar los sentimientos que en cada uno de nosotros despierta la idea de familia.

Hay un chiste estadounidense que dice que las reuniones familiares son la mejor forma de contracepción. No deben olvidar esto quienes se preocupan por la caída de la tasa de natalidad.

PADRES Y MADRES AMBIVALENTES

Lo que ocurre en los juegos de las plazas suele ser un buen reflejo de lo que ocurre en la sociedad. Cuando los chicos juegan con la palita en el arenero o se tiran por el tobogán, algunos padres están muy atentos al juego y otros miran aburridos el reloj o están muy ocupados con sus dispositivos móviles. Admito que tampoco yo he sido una gran amante de los patios de juegos cuando mi hijo era un gran entusiasta del arenero. Sentí especial aversión por los juegos cuando mi hijo estaba en la fase del tobogán y le encantaba subirse y luego contemplar desde la cima sin manifestar ningún entusiasmo por lanzarse hacia abajo. Una vez, cuando se estaba tirando muy despacio por el tobogán, unos abuelos vinieron preocupados porque a su nieto también le gustaba mucho el tobogán. Me dijeron que las reglas del juego exigían que el que se subía debía lanzarse en el menor tiempo posible para así darle la posibilidad de hacerlo a otro niño. Para conformar su legítimo pedido empecé a insistirle a mi hijo para que bajara del punto panorámico un poco más rápido, pero el resultado fue por supuesto una demora mayor en la cima y el exabrupto furioso de los abuelos, que decían que a semejantes remolones iba a haber que prohibirles jugar en el tobogán en adelante.

Hoy, después de muchos años, pienso en ese episodio y no puedo decidir qué habría sido mejor para el nene: contemplar en derredor desde la cima del tobogán o tirarse por él, cuantas más veces mejor. Ni siquiera puedo decir qué es mejor para los padres: si admitir que se aburren junto al tobogán o pelear por los derechos del niño. Quizá lo mejor sea dejar al observador y al corredor que se pongan de acuerdo solos sobre las reglas del juego. Y si uno de ellos se vuelve astrónomo y el otro saltador de esquí, un día recordarán con humor el conflicto en el tobogán.

Desde el punto de vista histórico, la preocupación por el desarrollo del niño y en especial el amor y la prohibición de la violencia sobre los niños son relativamente nuevos. Recién a mediados del siglo pasado empezó a aparecer la idea de la infancia como algo que había que preservar. En efecto, antes los niños se consideraban algo "útil" (fuerza de trabajo, continuación del linaje). Después de este "descubrimiento" de la infancia ha habido una cantidad de estudios sobre lo que es bueno para los niños, cómo pueden desarrollarse mejor, qué pueden hacer los padres y qué no deben hacer, cómo amar a los hijos y demás. En los últimos años la tendencia va en la dirección opuesta: cada vez tenemos más estudios acerca de la influencia de los hijos sobre los padres. En su libro *All Joy and No Fun* [*Pura felicidad y ninguna diversión*], Jennifer Senior aborda el problema más acuciante de los padres modernos, en especial de clase media, que a menudo tienen los medios económicos y la educación como para intentar darles a los hijos el mejor punto de partida en la vida. Es a estos padres a quienes les ocurre que sus hijos se han vuelto sus jefes en lugar de los trabajadores de antaño. La socióloga Viviana A. Zelizer postula que los niños son considerados "inútiles" desde el punto de vista económico, pero excepcionalmente valiosos desde el punto de vista emocional. Los padres ya no cuentan con que los hijos sean la fuerza de trabajo que los cuide en la vejez; solo esperan que tener hijos les proporcione cierta satisfacción emocional.

Y en la valoración de esa satisfacción o incluso felicidad que se supone los hijos proporcionen a los padres es justamente donde hoy todo se complica. Las investigaciones sobre la paternidad moderna insisten en que los hijos proporcionan una gran sensación de felicidad, pero también mucha insatisfacción. Así es que muchos padres están menos satisfechos con su vida personal y sobre todo con su relación de pareja. Los hombres a menudo se quejan de que cuando llega un hijo, el sexo se va por la ventana. Las mujeres, de que en lugar de un hijo ahora tienen dos. Tampoco en las parejas que se dividen las obligaciones familiares en forma igualitaria se advierte por lo general una gran satisfacción cuando la familia aumenta. Influyen en esto dos cambios que han ocurrido en la clase media en la sociedad postindustrial. En primer lugar, ha cambiado significativamente la presión en el lugar de trabajo: la gente que tiene empleo trabaja más horas al día que antes y está siempre con temor de perder su puesto. Al mismo tiempo, ha cambiado también la idea de lo que un hijo nos traerá. Cada vez más, la gente entiende al hijo como algo que los completará como individuos y no como algo que simplemente es parte de la vida.

El problema es que muchos padres no encuentran demasiada alegría en el ejercicio de la paternidad. Hace años, Daniel Kahneman entrevistó en Texas a más de novecientas madres y les preguntó qué era lo que más les gustaba hacer en la vida. Entre diecinueve actividades la crianza de los hijos quedó en el decimosexto puesto... Después de cocinar, hacer ejercicios, limpiar la casa, hablar por teléfono, recostarse...

Nuestra cultura glorifica el amor de los padres (y en especial de la madre) por los hijos. Incluso en Freud subyace esta glorificación del amor materno y solo sus alumnos comenzaron a hablar de la ambivalencia que un padre puede sentir por su hijo. E incluso la palabra "ambivalencia" intenta eludir o suavizar en lugar de decir con claridad que, en la relación de los padres hacia los hijos, además del amor, se observan emociones negativas como el odio. El psicoanalista inglés Darian Leader propone que la ambivalencia de los padres hacia los hijos es en realidad clave para que el hijo tenga la posibilidad de separarse de los padres. Para el hijo, el problema no aparece cuando los padres son ambivalentes hacia él, sino cuando el hijo es concebido como el objeto absoluto de amor o como el objeto absoluto de odio. Justamente el amor extremo por el hijo es a veces lo que más puede dañarlo.

En el año 2001, en Texas, Andrea Yates, madre de cinco hijos, esperó una mañana a que su marido, que trabajaba en la NASA, saliera a trabajar. Preparó algo de comer para los niños, llenó la bañera y, cuando los niños hubieron desayunado, los ahogó uno por uno. Puso a los cuatro niños, que tenían entre dos y siete años de edad, desnudos en la cama y en sus brazos puso a la hermanita de seis meses que hacía las veces de niño Jesús en la escena. Después de sus horrendos actos llamó a la policía. Explicó a los agentes impresionados que había matado a los niños para que pudieran entrar al Reino de los Cielos. Andrea Yates era en apariencia una madre ideal, profundamente religiosa. Ella y su esposo habían decidido tener tantos hijos como Dios les diera. Los escolarizaba en casa porque solo así podía protegerlos de las peligrosas influencias del entorno. Como a Andrea le gustaba hacer galletas también para los vecinos, la consideraban como la madre ideal. El problema fue que después de cada parto empezó a cerrarse cada vez más sobre sí misma. El psiquiatra diagnosticó depresión posparto y le dio medicación, pero nadie la escuchaba. Andrea comenzó a mostrar síntomas de evidente psicosis. Su profunda fe se transformó en la fuerte convicción de que el mal dominaba el mundo y de que los niños malos venían de madres malas. Además, estaba cada vez más convencida de que Satán había entrado en ella y de que la única salvación para sus hijos era darles un lugar en el cielo antes de que perdieran la inocencia; por ende, antes de que llegaran a la pubertad.

El crimen ocurrió en el muy conservador estado de Texas, donde para evaluar la salud mental del acusado, la corte solo considera el antiguo test de M'Naghten, que solo averigua si el acusado puede discernir entre lo permitido y lo prohibido por la ley en el momento del crimen. Como la misma Andrea llamó a la policía y se adjudicó la muerte de los niños, para el tribunal de Texas era prueba suficiente de que sabía que la ley prohibía el asesinato. En la cárcel y en la corte ella se comportaba como si no estuviera en contacto con la realidad. Sostuvo que tenía el número 666 grabado en su cabeza, lo cual era el signo de que tenía en ella al diablo. Quería que se la condenara a muerte porque consideraba al entonces presidente Bush el representante de Dios en la tierra y así, con su ejecución, él podría acabar con el diablo. El aparato legal texano no prestó demasiada atención al delirio de Andrea. Aunque los peritos la declararon esquizofrénica, puesto que conocía la ley, eso no podía ser un obstáculo para considerarla una persona mentalmente competente. El perito de la fiscalía, el doctor Park Dietz, dio argumentos muy fuertes para esto: dijo que Andrea Yates miraba la serie de televisión *La ley y el orden,* donde una madre ahoga a sus hijos y luego se escuda en una depresión posparto para que la declaren inimputable.

Andrea Yates fue condenada a cadena perpetua. Sin embargo, fue el testimonio del propio doctor Dietz lo que le dio a la defensa la posibilidad de un nuevo juicio. Durante el primer juicio, estaba sentada entre el público la guionista de *La ley y el orden*. Después del juicio miró todos los episodios de la serie emitidos hasta entonces y advirtió que el episodio al que había aludido el doctor Dietz no había sido emitido antes del crimen de Andrea. En el segundo juicio el doctor Dietz admitió que también él había tenido una especie de "alucinación"; le había parecido que la serie podría haber influido en Andrea. En este segundo juicio, Andrea Yates fue declarada inimputable y ahora cumple condena en una clínica psiquiátrica.

Después del crimen de Andrea, la comunidad en la cual vivía se preguntó cómo era posible que nadie hubiera hecho nada para proteger a los niños de una madre evidentemente psicótica. Las feministas cuestionaron también que nadie se hubiera preguntado si una mujer puede pasar casi todo el día sola cuidando de cinco niños pequeños y, además de todo el resto del trabajo, ser su maestra. El hecho de que Andrea pareciera una madre amorosa y devota de Dios había sido suficiente para que la comunidad no se preguntara nada más.

El sentimiento de culpa de Andrea por ser una mala madre estaba muy afirmado en ella. Estaba convencida de eso de manera inamovible. También estaba convencida de lo que Dios le decía, de lo que le pedía y de cómo proteger amorosamente a sus hijos del diablo en ella. Las estadísticas no muestran de ninguna manera que un sujeto psicótico tenga una mayor tendencia al crimen. Pero cuando esto ocurre, se trata de algo muy impactante e inimaginable para los demás.

El problema de la paternidad y la maternidad modernas es que están llenas de dudas. Hasta hace poco los padres se preguntaban qué era bueno para los hijos, hoy se preguntan también qué es bueno para ellos. No hay respuestas claras para ninguna de estas preguntas. Mi amigo estadounidense, que hace poco fue abuelo, me dio una buena respuesta. A él la experiencia le resultó fantástica en un 99%, pero en el otro 10% le despertó cierto recelo, porque empezó a pensar que ahora este otro ser que le parecía tan adorable iba a empezar a traerle problemas.

LA ASISTENTE DEL MAGO

Me invitaron a una escuela primaria a una charla con los alumnos y las alumnas de noveno grado. La dirección de la escuela tuvo la buena idea de presentar a los chicos que terminaban la escuela las alternativas para su futuro en una forma interesante: un encuentro con alguien que había optado por la investigación. El encuentro intentaba entonces alentarlos a pensar a qué podían aspirar los alumnos y alumnas en su juventud. Acepté con alegría la invitación porque creo firmemente en el papel del ejemplo. No habría decidido estudiar filosofía si no hubiera sido porque en la escuela secundaria un profesor me despertó ese interés. Pero en el encuentro con los alumnos de la escuela primaria me sorprendió que solamente los varones hicieran preguntas durante nuestra charla. Las chicas eran muy bonitas, estaban sentadas una junto a otra, se reían un poquito pero no decían nada. Cuando al profesor le ocurre esto, antes que nada piensa que está resultando aburrido para una parte del público. Con esto en mente decidí apelar un poco a las chicas y les hice algunas preguntas directas: ¿el cerebro de las mujeres es distinto del de los varones? ¿Por qué las chicas juegan menos videojuegos que los varones? ¿Son más dependientes de la opinión de sus pares que los varones? Todos los intentos de hacerlas hablar fueron en vano. Ante algunas preguntas veía que asentían, ante otras se reían con discreción o sonreían. Entre todos los chicos que levantaban las manos entusiasmados y se peleaban por tener la palabra, no vi ni una mano extendida de las chicas.

Es probable que quienes saben del sistema educativo esloveno salgan al cruce diciendo que las chicas tienen mejores notas que los varones, que la escuela en realidad privilegia a las chicas porque son más obedientes que los varones; otros tal vez dirán que, en el fondo, en la escuela hay más problemas de comportamiento entre las chicas, que quizá están calladas en público pero pueden ser bastante agresivas y destructivas. Probablemente todo esto sea cierto, pero el problema que me interesa no es el de las calificaciones o las travesuras disimuladas sino la expresión de la opinión en público, la participación en la conversación con palabras, la exposición pública.

Decir algo en público no es algo simple en absoluto. Lo saben todos aquellos que temen aparecer en público.

El psicoanalista húngaro Sándor Ferenczi relaciona la imposibilidad de tomar la palabra en público con la tartamudez. En algunos pacientes, sobre todo varones, observó que no podían hablar bien porque no podían apartar al padre dominante que quería todo el tiempo el escenario para él. La tartamudez expresaba muchas veces una agresión velada hacia ese padre, que no se expresaba con palabras porque el tartamudeo funcionaba como una suerte de autocastigo para los deseos agresivos. En este caso, el hecho de que alguien estuviera en silencio no estaba asociado a la tranquilidad o la pasividad, sino que el silencio y evitar la palabra eran más bien la expresión de una lucha con la agresividad explícita que por supuesto el sujeto no manifestaba. (Hoy, con el desarrollo de las nuevas tecnologías, la persona que en público está en completo silencio puede por ejemplo encontrar una forma de expresar su agresión en los comentarios anónimos de Internet).

Así como la alocución pública está muchas veces vinculada con la angustia, esta aparece en cada uno de los actos creativos. La coreógrafa estadounidense Twyla Tharp describe en su libro sobre el proceso creativo la importancia de encontrar la fuerza para superar la angustia. Twyla Tharp sostiene que las formas de angustia que siente el escritor ante la hoja en blanco, el coreógrafo ante el espacio vacío, el pintor ante la tela en blanco y el compositor ante el silencio son en realidad bastante parecidas. Debemos encontrar una fuerza descomunal para vencer el horror al vacío con el que nos enfrentamos en todo proceso creativo y para sentirnos capaces de hacer algo propio ante las multitudes que antes de nosotros han producido obras de arte. Muchas veces, los artistas practican distintos rituales antes de enfrentar el vacío del proceso creativo. Hay un profesor conocido porque se pone a limpiar meticulosamente el baño antes de ponerse a escribir. Una escritora prepara la comida para varios días antes de enfrentarse a la pantalla vacía de la computadora.

Atrevernos a mostrar nuestro trabajo en público o a decir algo en público depende mucho del entorno en el cual vivimos. En los Estados Unidos se alienta al niño desde temprana edad a que hable en público, y en general sus palabras son objeto de elogios y aliento por parte de los maestros; en otros medios la expresión de las opiniones está ligada a la crítica, la burla y la búsqueda de errores. Esa disposición conduce pronto a que las personas se queden a resguardo y calladas para no exponerse, y por supuesto se apuran a criticar las palabras de los demás.

Muchas sociedades son muy críticas de las intervenciones públicas de las mujeres. La gran dificultad de cambiar la mirada sobre el discurso femenino en un entorno conservador está muy bien presentada en el film de Samira Makhmalbaf *A las cinco de la tarde*. La película describe la vida durante el primer año después del régimen talibán en Afganistán, cuando se permitió a las mujeres volver a la escuela y parecía que por fin con el lugar de la mujer en la sociedad todo iba a cambiar para mejor. La protagonista, Nogreh, tiene un padre muy conservador, pero decide ir a la escuela en secreto para poder usar bajo la burka zapatos blancos de tacón en lugar de las obligadas chinelas y para estudiar los discursos de las mujeres que fueron presidentas del país y así poder ella también algún día ser presidenta de Afganistán. Cuando un día explica a sus compañeras que quiere llegar a ser presidenta de la nación, desata un acalorado debate entre las chicas acerca de lo que puede hacer de su vida una mujer y lo que no. Después de un comienzo optimista, donde vemos a las chicas participar apasionadas en el debate, poco a poco la película se va volviendo más pesimista. El hambre, la devastación y los restos de la mentalidad fundamentalista afloran por todos los poros del país por el que se desplazan Nogreh y su familia. Su cuñada no tiene suficiente leche para amamantar a su bebé, que acaba por morir. El padre ve blasfemia por doquier; un viejo que encuentran en el camino no puede creer que los talibanes ya no están en el poder. En cierto punto de la película también Nogreh arroja para siempre sus zapatos blancos, deja de decir que será la presidenta del país, su rostro ya no expresa ningún sentimiento y sus ojos solo miran mudos a lo lejos. El título de la película está tomado de un poema de Federico García Lorca, *Llanto por Ignacio Sánchez Mejías,* que describe lo que ocurre a las cinco de la tarde y termina diciendo que luego todo es muerte, solo muerte. Al principio Nogreh estaba llena de optimismo sobre su futuro, sobre el futuro de las mujeres en Afganistán y en general sobre el futuro del país; después llegó a un punto en que se perdió, ya no había en ella fuego interior, esperanza ni voluntad de lucha.

Sería injusto comparar la situación de las mujeres en Eslovenia con la de las mujeres en Afganistán. El silencio de las chicas durante la charla no me llenó de desesperación por un futuro sombrío, pero sí me apenó que en realidad nada hubiera cambiado en las largas décadas que pasaron desde que yo misma ocupaba los bancos de la escuela. Ingenuamente deseo que muchas de esas chicas quieran, como Nogreh, llegar a ser presidentas de la nación, parlamentarias o cualquier otra cosa que les dé el poder de expresar públicamente su opinión.

Muchas veces es más difícil para las mujeres que para los hombres hablar en público. Podemos observarlo todos los días en el Parlamento. El tiempo que se toman los oradores varones y el que se toman las mujeres es sensiblemente distinto. También en muchos congresos he observado que los oradores varones no se inmutan si su intervención se extiende más allá del tiempo que tenían asignado, mientras que las mujeres se apuran a completar su contribución solo para no tomarles demasiado tiempo a los demás.

Hace años, mi hijo asistió durante algún tiempo a un jardín de infantes en Gran Bretaña. Me apenaba verlo al principio solo sentado en un rincón, mientras los demás nenes jugaban alegres. Todo cambió cuando llegó al jardín un mago de visita. La maestra decidió que mi hijo fuera el asistente del mago. Entre todos los nenes que peleaban por ese prestigioso puesto, la maestra eligió al que estaba sentado en un rincón y no mostraba ningún signo de querer ser el asistente del mago. Después de ese episodio, el jardín de pronto se volvió divertido para mi hijo; había adquirido el estatus del gran asistente del mago, hizo nuevas amistades, empezaron a llegar invitaciones a fiestas de cumpleaños y demás. Claro que me quedé pensando si la maestra habría obrado de la misma forma si en el rincón hubiera estado sentada una nena calladita. ¿Habría tenido ella la posibilidad de ser la asistente del mago o tal vez su silencio habría sido entendido como el de una nena que se porta bien a quien no le gusta sobresalir?

La medicina

EL MÉDICO Y EL PACIENTE CARA A CARA

¿ES POSIBLE DECIRLE A un superior jerárquico que se está equivocando, que ha pasado algo por alto o ha cometido un error? ¿Recibirá la crítica de buen grado o nos castigará velada o abiertamente por ella? Estas pueden ser preguntas vitales. Si el superior jerárquico es un ministro, el director de una central nuclear o de un gran consorcio empresario, muchas personas pueden padecer las consecuencias de sus errores. Si el superior es un médico, muchas veces está en juego una vida individual. Pero estos errores indirectamente amenazan también a los demás.

La paradoja es que la industria farmacéutica incluye los errores y engaños en el precio de sus medicamentos. Los investigadores suecos Anna Zetterqvist y Shai Mulinari estudian la forma en que las empresas farmacéuticas promocionan los medicamentos para la depresión a los médicos. Es bien sabido que cuando se vencen las patentes, las empresas por lo general comienzan a vender el medicamento con otro nombre y por supuesto afirman que han llevado a cabo importantes mejoras. El "nuevo" medicamento es promocionado aduciendo investigaciones que probarían que la fórmula ha sido mejorada. La publicidad desleal o engañosa es un acto punible. En general los países tienen órganos de control que combaten esos engaños. En Suecia, el trabajo de la comisión que se ocupa de esa supervisión es muy riguroso. Sin embargo, antes de que la comisión se expida sobre el engaño y exija al infractor que retire la pauta publicitaria, transcurre a menudo mucho tiempo. A veces incluso cuatro años. La multa que recibe el laboratorio farmacéutico es de alrededor de 100.000 euros. Eso es una nimiedad para una empresa farmacéutica. El precio de la multa ya está incluido en el precio del medicamento y en general ronda el 0,009% de la ganancia que la industria farmacéutica percibe por el medicamento.

Hoy muchas empresas farmacéuticas destinan más dinero a publicidad que a investigación. Los médicos particulares que prescriben un medicamento a sus pacientes no tienen tiempo de constatar si las investigaciones que sirven como respaldo a los laboratorios son auténticas, si han sido corroboradas varias veces o si tal vez las ha financiado la industria farmacéutica.

Escuchamos una y otra vez que lo más importante para la salud es la prevención. Eso está muy bien, si no fuera porque de la prevención obtienen grandes beneficios los servicios de salud y la industria farmacéutica. Estas ganancias se basan en los estudios de diagnóstico preventivos que hacemos todo el tiempo, en los medicamentos que tomamos antes de enfermarnos y también en los suplementos dietarios (vitaminas y demás) que ingerimos sin saber lo que en realidad contienen. La idea de la prevención surgió en los Estados Unidos en tiempos del presidente Nixon, cuando su gobierno decidió que el sistema de salud se iba a dedicar más a impedir la enfermedad que a curarla. En su libro *Overdiagnosed: Making People Sick in the Pursuit of Health* [*Sobrediagnóstico: cuando las personas enferman en nombre de la salud*], Gilbert Welch sostiene que es mucho más fácil ganar dinero con un paciente sano que teme enfermarse alguna vez que con un paciente ya enfermo.

¿Cómo es posible que una pequeña ciudad del sur de Texas tenga la atención médica más cara de los Estados Unidos? El médico estadounidense Atul Gawande ha descubierto que las personas de este lugar no están en absoluto más enfermas que en otros sitios. El problema es que la mayoría de los médicos es accionista de grandes sanatorios que ofrecen diversos estudios de diagnóstico con la mejor tecnología. Para los problemas más habituales, los médicos de cabecera indican a pacientes pobres estudios caros y con eso aumentan cuantiosamente su capital.

En París, Ilana Löwy, investigadora que trabaja en diagnóstico prenatal, subraya que los estudios que se practican a mujeres embarazadas son una mina de oro tanto para los fabricantes de los equipos como para los prestadores del servicio. El problema es que hay muchos hallazgos que no pueden interpretarse con claridad. Sobre todo en el asesoramiento genético, los médicos se topan cada vez con más incógnitas, con las llamadas "variantes de significado incierto" (*variants of uncertain significance*, vus), que no se puede definir si son patógenas o no.

Las personas mayores también consultan mucho por todo tipo de estudios y medicamentos. Gawande abordó los problemas con la salud de los mayores pidiendo autorización a los médicos gerontólogos para sentarse en sus consultorios y observar su trabajo. La mayoría de los médicos ordenaba análisis de sangre y orina, tomaba la presión sanguínea e indagaba sobre la posible aparición de enfermedades malignas. Pero uno de los médicos llevaba adelante la consulta de un modo muy distinto. Primero miraba las piernas y observaba el andar de los pacientes. Gawande le preguntó sorprendido cómo era que no revisaba los resultados de los análisis de sangre y demás. El médico le contestó que en la edad avanzada el mayor peligro para el individuo es una caída. Por eso, más importante que cualquier análisis es que el médico observe la estabilidad del paciente al caminar y si aparecen hematomas o ulceraciones que puedan revelar otros problemas de salud.

La medicina actual ha compartimentado el cuerpo humano. El médico es un especialista de una pequeña parte del cuerpo que no entiende al enfermo en su totalidad, y sobre todo no contempla su estado psíquico y su manera de experimentar la enfermedad. Este cambio en la medicina provoca que cada vez más gente acuda a la medicina alternativa y lamentablemente también a los muchos aficionados que le dan a la persona la sensación de que alguien la mira como totalidad.

En la sociedad contemporánea ha cambiado también la forma de ver a los médicos. Ellos han perdido el estatus de autoridad infalible, especie de dioses vestidos de blanco. La lógica del mercado ha introducido en la salud y en la escuela cambios similares en relación con la autoridad. El usuario que paga caros los servicios entiende a la autoridad como un prestador de servicios en el mercado, y si no está conforme con los servicios, presenta una queja parecida a la que presentaría un comprador insatisfecho en la tienda. También Internet ha traído aparejados cambios en la relación con los médicos; estos deben lidiar todos los días con pacientes munidos de información que han recabado en Internet. La información contradictoria puede provocar muchas veces angustia y la sensación de catástrofe ante la probable enfermedad. El médico que no sabe tratar los problemas psíquicos de las personas o que teme ser demandado por un paciente que siente que ha recibido escasa atención médica saldrá del paso indicando muchos estudios diagnósticos innecesarios. Si es copropietario de un centro de diagnóstico, además ganará más dinero.

Es paradójico que la mercantilización de la salud no solo perjudique a los pacientes sino también a los médicos. Los estadounidenses advierten que sus médicos están cada vez menos satisfechos con su trabajo. Temen los juicios por mala praxis, se quejan del cansancio excesivo, de la apatía generalizada. Tienen también grandes problemas en la comunicación con los pacientes, en especial cuando deben dar malas noticias o comprender sus emociones. Por eso muchas facultades de medicina estadounidenses han incluido materias complementarias que intentan humanizar la relación mecánica médico-paciente, de modo que el futuro médico aprenda algo sobre su propio aspecto emocional y el del paciente. En el mundo desarrollado se advierte que el médico ya no se comunica en absoluto con el paciente: en el hospital, mira la planilla del paciente y escribe en el monitor, y apenas mira al paciente, ni qué decir de preguntarle algo o saber escuchar. Esta deshumanización ha llevado a los médicos a una creciente compensación del estrés y la insatisfacción con alcohol y drogas.

Las investigaciones estadounidenses demuestran que la mayor dependencia está entre abogados y médicos.

El achicamiento de la salud pública junto con la ideología de la elección, que sin cesar intenta persuadir al sujeto de que todo está en sus manos, han atraído a muchas personas a la autosanación. La gente se pertrecha de información en Internet, prueba formas alternativas de cura, acude a sanadores y demás. También aquí a menudo alguien gana dinero a partir de las relaciones humanas. El dinero no va solo a los sanadores sino indirectamente también a las corporaciones. La persona que lee información sobre su enfermedad en los foros gratuitos de Internet muchas veces debe registrarse como miembro del foro y se le suele preguntar la edad, la ocupación, sus enfermedades previas y demás. Los propietarios de estos foros venden despreocupados esta información a las corporaciones de la salud. También la industria farmacéutica sacará ideas de nuestras aflicciones y deseos para decidir qué medicamentos le conviene colocar más agresivamente en el mercado. Nada queda librado al azar. Ni siquiera el color y la forma del comprimido. Parece que la gente prefiere los comprimidos rosados y rojos. Piensan que tienen mejor sabor que los amarillos o blancos. Sin embargo, dicen que las cápsulas tienen un mayor efecto que los comprimidos.

Las personas están dispuestas a tragarse muchas cosas si tienen un buen embalaje y si lo recomienda alguien en quien confían. Cuando el artista belga Carsten Höller, en una exposición en Nueva York, ofreció al público cápsulas blancas vacías para que probaran su sabor, muy pocas personas estuvieron dispuestas a hacerlo. Muchos no creían que la cápsula estaba de veras vacía. Si hubieran sabido que el artista fue antes científico, seguramente la habrían probado. Claro que él debería haberles dicho que esa cápsula daba una inigualable sensación de felicidad.

UN DIOS PSICÓTICO VESTIDO DE BLANCO

En el año 2015 salió a la luz un escándalo sobre eutanasia en una clínica neuropsiquiátrica de Ljubljana. ¿Cómo es posible que quienes lo observaron no hayan reaccionado durante tanto tiempo? ¿Cómo es posible que haya sido necesario tanto tiempo para que apareciera un denunciante? Y, si es cierto que el médico hablaba sin ambages de sus intenciones de practicar la eutanasia, ¿cómo es posible que nadie lo haya escuchado?

Supongamos que un médico hace algo inusual con un paciente y en el procedimiento lo asisten algunas personas. ¿Cómo es que estas últimas no dicen nada, es decir, no intentan detener al médico?

El primer problema es la jerarquía entre los médicos y el resto del personal. Los subordinados muchas veces cierran los ojos si ven un error del médico, y si nadie los alienta expresamente a hablar, prefieren callar en lugar de ganarse el resentimiento ajeno.

El segundo problema consiste en una forma particular de ceguera que nos permite adecuar lo que vemos a lo que más nos convenga. Los investigadores suecos Petter Johansson y Lars Hall abordaron el estudio de ese tipo de ceguera de la siguiente manera: uno de ellos le mostró a una persona las fotografías de dos personas y le propuso que eligiera la que más le gustara. Un momento después el investigador puso frente a esa misma persona la fotografía que se suponía había elegido y le pidió que le contara por qué la había elegido. La gente daba distintas explicaciones sobre la expresión de los ojos y el gesto de la persona que había elegido. La paradoja es que el investigador no mostraba la fotografía que efectivamente habían elegido, sino la otra. Hizo el conocido truco de cartas: le acercó al participante de la prueba la fotografía equivocada sin que este se diera cuenta. El 80% de las personas no advirtió el cambio, y aunque la persona de la fotografía no era la que habían elegido al principio, dieron una serie de explicaciones acerca de por qué les había gustado esta fotografía.

¿Por qué las personas defendieron con pasión la elección que no habían hecho? Johansson y Hall afirman que una de las razones es que las personas creen que las cosas del mundo que las rodea son previsibles, y que si ponemos la mano en el bolsillo para sacar la llave del auto, no esperamos que en lugar de la llave pueda haber una lagartija. La segunda razón es que no podemos vivir pensando que nuestra elección es equivocada, por eso rápidamente apartamos la sospecha de que tal vez no hayamos elegido nada, y armamos una teoría sobre lo bien que hemos decidido. El personal médico de la clínica neuropsiquiátrica quizá ni siquiera imaginaba la posibilidad de que hubiera prácticas de eutanasia con los pacientes al borde de la muerte, o desarrollaron una especie de ceguera que les permitió ver lo que querían ver. Hay otra forma de ceguera que desarrollaron quienes oyeron lo que había ocurrido, pero no presenciaron los actos (digamos, los colegas del médico). Callaron para mantener la autoridad del médico y para evitar que los examinaran también a ellos.

El tercer problema, y el más complejo de los tres, está relacionado con los conflictos individuales del médico que decide practicar "eutanasia" en forma unilateral. El caso más chocante de los últimos años fue el del médico británico Harold Shipman. Durante muchos años había sido un exitoso médico de familia; su rasgo distintivo era que, al contrario de lo que ocurría con otros médicos, él no eludía las visitas domiciliarias a pacientes terminales. Siempre estaba muy atento a las personas mayores enfermas; conversaba con las familias y también daba sus condolencias a los deudos después de la muerte del paciente. En décadas de práctica médica nadie advirtió que tenía un verdadero récord en el número de decesos entre sus pacientes. La fama de Shipman como buen médico de familia fue cuestionada recién a comienzos de 1998, cuando una médica que tuvo que firmar con él un certificado de defunción prestó atención a la gran cantidad de certificados que él tenía. En especial, le extrañó que Shipman hiciera cremar de inmediato a la mayoría de los fallecidos. Al principio la investigación policial no encontró nada que despertara dudas sobre el médico. Las cosas se complicaron recién algunos meses después, cuando la hija de una de las pacientes de Shipman, que aparentemente había muerto por su avanzada edad, sospechó que algo estaba mal en el testamento de su madre. Le había dejado todo su dinero a Shipman. Al exhumar los restos, la investigación policial encontró rastros de fuertes medicamentos contra el dolor, que habitualmente se administran a los pacientes con cáncer. Y en casa del médico encontraron la máquina de escribir con la que había sido escrito, por la fuerza, el testamento. Pronto se descubrió que Shipman había acortado la vida de algunos otros pacientes, y en 2000 fue condenado a cadena perpetua por la muerte de quince pacientes. Más tarde se comprobó que en todos sus años de trabajo había matado a muchas más personas; se calcula que se trata de más de 250 pacientes. Para la opinión pública inglesa fue un verdadero impacto que durante los años en que a Shipman se le iban muriendo pacientes nadie hubiera sospechado que había alguna falla en su desempeño.

El psicoanalista inglés Darian Leader, en su libro *¿Qué es la locura?*, propone la tesis de que no hay límites claros entre los que consideramos normales en la sociedad y aquellos de los que decimos que están locos. En los casos de las llamadas psicosis no desencadenadas, el sujeto puede tener una estructura psicótica aunque no sea visible. Leader analiza en detalle el caso Shipman, y demuestra que las experiencias traumáticas de su vida temprana influyeron en el hecho de que fuera médico y de que empezara a asesinar a sus pacientes. Fue muy unido a su madre y en su juventud presenció su padecimiento por el cáncer. Por eso decidió estudiar Medicina. El hecho de que su madre recibiera a menudo inyecciones con fuerte medicación contra el dolor influyó en que más tarde el médico comenzara a administrarse a sí mismo tales inyecciones y después de un tiempo se volviera adicto a ellas. Cuando terminó la facultad, se casó, y fue tan unido a su esposa como lo había sido antes a su madre. Las muertes de sus pacientes comenzaron a ocurrir muy temprano en su carrera, y en general el número aumentaba en fechas importantes para la vida de Shipman —para el aniversario de la muerte de la madre, el cumpleaños de su esposa y demás—. Como se trataba de personas mayores, que muchas veces padecían diversas enfermedades, a nadie se le ocurría que hubiera nada raro en las visitas de Shipman a domicilio. Y cuando anotaba en el certificado de defunción que se había tratado de un paro cardíaco, tampoco nadie exigía una autopsia. Parecía completamente normal que, de pronto, una persona anciana muriera.

El truco de Shipman era ocultar sus actos tras la apariencia de médico abnegado y amable a quien no le costaba visitar a los pacientes impedidos en sus domicilios. Pero tras esta fachada de "normalidad" había una personalidad que no dudaba en decidir sobre la vida y la muerte. Shipman era una especie de dios vestido de blanco que no mostraba ningún sentimiento de culpa por sus actos, sino que se veía a sí mismo como una excepción, como alguien que podía con su saber forzar el mundo a su alrededor y hacerlo mejor. Tras la fachada de normalidad, en Shipman había una estructura psicótica que paradójicamente se mantenía así por su identificación con la medicina. Por ejemplo, exigía incluso a su esposa que lo llamara doctor. También en la cárcel debían llamarlo así y pronto comenzó a desempeñar allí pequeños intentos de práctica médica. Cuando su compañero de celda se colgó junto a él, hizo el diagnóstico de muerte y se fue tranquilamente a dormir.

Al final, Shipman también engatusó a la opinión pública inglesa. Cuando se esperaba que se arrepintiera de sus asesinatos y que al menos sufriera durante largo tiempo tras las rejas, después de apenas cuatro años de cárcel se suicidó.

En el caso de las prácticas de eutanasia en la clínica neuropsiquiátrica de Ljubljana, fue difícil distinguir la realidad de la ficción. Pero ya el filósofo danés Søren Kierkegaard nos advirtió que hay dos formas de engañarse. Una es creer lo que no es cierto. La otra es rehusarse a creer lo que sí lo es.

LOS MÉDICOS TAMBIÉN LLORAN

Hoy en día, cuando una persona tiene que tomar alguna decisión sobre su salud, con frecuencia está ante una elección difícil. En el pasado, la autoridad que más o menos indicaba una determinada forma de cura era el médico, pero ahora es cada vez más una suerte de informante que presenta distintas posibilidades de tratamiento, y la persona decide qué medidas va a seguir, es decir, qué medicamentos va a tomar. En su libro *Ser mortal. La medicina y lo que al final importa,* el cirujano de Harvard Atul Gawande reniega tanto de la postura autoritaria como de la informativa del médico frente al paciente, e intenta una tercera vía de diálogo, en la que la conversación entre ambos posibilitaría al paciente decidir qué le parece más importante y qué procedimientos está dispuesto a seguir para prolongar su vida y cuáles no. Gawande describe casos de enfermos terminales (incluido su propio padre), y concluye que mucha gente en la fase final de su vida está expuesta a intervenciones que son extremadamente dolorosas para ellos y que muchas veces incluso les acortan la vida.

Ya en libros anteriores, Gawande advertía este problema. En su libro *Complicaciones. Confesiones de un cirujano sobre una ciencia imperfecta,* describió el caso de una persona que tenía metástasis en todo el cuerpo. Uno de los tumores presionaba la columna y el traumatólogo recomendó operarlo. El problema era que el traumatólogo trataba la columna. Optimista, le presentó al enfermo la operación como solución para sus problemas de columna, pero no se dedicó al problema de la metástasis del enfermo en todas partes del cuerpo. El paciente estaba en un estado muy delicado como para resistir una cirugía, y aunque se decidió por la operación, luego de ella su estado general empeoró mucho. Para el traumatólogo la operación había sido todo un éxito porque había conseguido remover el tumor sin dañar la columna, pero por causa de su estado general, el paciente murió antes de lo que hubiera muerto si no se operaba.

En *Ser mortal*, Gawande reúne los consejos de una colega, especialista en medicina paliativa, que le enseñó cómo comunicarse con pacientes que están en la última fase de sus vidas ante decisiones difíciles: atravesar una nueva operación, más sesiones de quimioterapia y así siguiendo. Ante estas decisiones, el médico debería dejar hablar al paciente más que intervenir él mismo. Lo más importante es que el médico haga las preguntas correctas, las que permitan al paciente decidir qué es en verdad importante para él al final de su vida. Por supuesto, el médico debe primero sondear si el enfermo es consciente de la gravedad de su situación o si quizá vive en negación. En condiciones ideales llegaría con el médico a través del diálogo a las respuestas acerca de lo que aún quiere experimentar en su vida, lo que más le preocupa, con qué limitaciones está dispuesto a seguir viviendo y qué está preparado para padecer y qué no con el fin de mantenerse vivo. La gente muchas veces no tiene muchas respuestas para tales preguntas. Uno de los pacientes, por ejemplo, afirmó que estaba dispuesto a atravesar terapias dolorosas si a pesar de su inmovilidad podía seguir mirando deporte por televisión mientras comía su helado favorito.

Ese tipo de intercambio entre médico y paciente tiene cierta similitud con la lógica de las preguntas en el psicoanálisis. Aunque Gawande no tiene formación psicoanalítica, por sus escritos se percibe que comprende que cada ser humano cuenta la historia de su vida en forma individual y quiere contar su final también a su modo. La mayoría de la gente desea conservar la posibilidad de elegir su final, aunque no necesariamente se trate de la expresión racional y clara de lo que quieren. Gawande quiere dejar que los pacientes sean los autores de los últimos episodios de la historia de sus vidas. Esa es siempre una historia individual.

Los pacientes siempre deben elegir ante decisiones difíciles, pero con el problema de la elección se enfrentan también los médicos. El cirujano israelí Dan Arbell debate estos problemas en su texto *Filosofía de la cirugía,* donde también aborda con mucho humor la cuestión de las jerarquías entre los médicos. Un viejo chiste dice que después de la muerte, tres médicos se encuentran frente a Dios. El pediatra le explica a Dios que toda la vida había sido un buen médico y había ayudado a muchos niños. Dios dice que lo sabe muy bien y le encarga que se siente a su izquierda. Luego llega el cardiólogo. Le cuenta a Dios lo mucho que se había esforzado y salvado vidas. Dios le dice que todo eso es cierto, y le encarga que se siente a su derecha. Después aparece ante Dios el cirujano y le ordena que se ponga de pie y le ceda su lugar. Arbell reconoce que en la jerarquía médica muchas veces los cirujanos se sienten superiores. Expone también el problema de las jerarquías entre cirujanos. En una profesión en la cual hay que aprender durante muchos años como asistente de los colegas mayores y más experimentados, muchas veces aparece la rivalidad entre colegas y algunos cirujanos se sienten por encima de los demás. A menudo los más viejos no quieren dejar su puesto a los más jóvenes.

Arbell se pregunta también si es posible practicar esta profesión sin un ápice de omnipotencia. Esto de inclinarse sobre un cuerpo sabiendo que el propio error puede costarle a otro la vida infunde una gran angustia en la mayoría de los cirujanos. Cuando se practica la incisión en el cuerpo, hay que pensarse como una autoridad capaz de llevar a cabo la operación, y a la vez no es bueno pensar que uno es la única autoridad que sabe algo. Arbell dice que hay muchos escenarios posibles en la cabeza de un cirujano cuando por la mañana le presentan en su lugar de trabajo al paciente que deberá operar. Alguno puede pensar por qué lo cargaron con esa tarea justamente a él; otro asumirá la tarea como parte de sus obligaciones laborales; un tercero decidirá realizar la operación con el método que siempre usa, aunque sus colegas insinúen que también hay otros métodos; un cuarto pensará que es el mejor especialista de su equipo y que lo único sensato es que esa tarea le corresponda solo a él; un quinto pensará que nadie puede hacer el trabajo tan bien como él. En muchas intervenciones en el cuerpo es imprescindible una cierta confianza en sí mismo, pero demasiada puede ser muy problemática.

Con estas cuestiones se enfrenta también Henry Marsh, quien en su libro *Ante todo no hagas daño*, cuenta sin ambages sus angustias ante las intervenciones en el cerebro que, como neurocirujano, practica todos los días. Marsh habla también muy abiertamente de los errores que cometió en su larga carrera. Después de la publicación del libro, el escritor noruego Karl Ove Knausgård —autor, entre otros libros, de *Mi lucha*— se comunicó con él para pedirle que estuviera presente en su operación. Marsh le propuso que lo acompañara en un viaje a Albania, adonde había sido invitado para que los médicos locales presenciaran la cirugía en la que él iba a extraer un complicado tumor cerebral. Este tipo de tumor se opera con el paciente consciente, y con la autorización de este, un fotógrafo presenció también la cirugía.

La operación fue por fortuna un éxito, y Knausgård transformó sus notas junto con las excepcionales fotografías en una obra de arte. A través de ella sabemos cómo el neurocirujano practicó la operación, de la cual él mismo dijo que era una especie de trabajo artesanal, donde solo una parte de la tarea se hace con los ojos y mucho se hace confiando en el propio tacto. Además, Marsh prestaba especial atención a hablar con el paciente sin rodeos antes y después de la operación.

Uno de los jóvenes cirujanos albanos, que había estudiado con Marsh en Gran Bretaña, le contó al escritor una historia de cómo Marsh había operado a un niño que por desgracia había muerto en la operación. Bastante después de que Marsh saliera a darles la horrible noticia a los padres, el joven cirujano lo vio sentado con ellos en la sala de espera, llorando. Para el cirujano albano, la escena había sido una enseñanza tan importante como los conocimientos que había adquirido de su colega mayor mirándolo en la sala de operaciones.

El trauma

CONGELADOS EN EL TIEMPO

LA MEMORIA DE SUCESOS traumáticos de la historia no sigue la lógica del tiempo. No necesariamente los vamos a recordar inmediatamente después de que ocurrieron. Pueden pasar años, incluso décadas, parece que el trauma no nos afecta o que de algún modo nos las arreglamos, y luego ocurre algo más o menos superfluo y el trauma aflora provocando un gran dolor. El problema es que cuando nos ocupamos de una experiencia traumática del pasado es difícil que aprendamos algo nuevo y es difícil que nos adaptemos a las nuevas situaciones en que nos encontramos. Esta imposibilidad de aprendizaje ha sido observada por psicoanalistas en muchos inmigrantes que han huido de la violencia de sus países de origen.

Ardo huyó a los Estados Unidos desde Somalia hace casi veinte años, cuando era una adolescente. Cuando le dieron asilo político, la instalaron en casa de una gran familia somalí que también había huido de la violencia política en su país. Ardo nunca hablaba de su experiencia traumática. La familia con la que vivía suponía que había sido víctima de abuso sexual. A pesar de su gran deseo de integrarse al nuevo entorno, no podía siquiera aprender nada de inglés. Los traumas más serios empezaron quince años después de su llegada a los Estados Unidos, cuando ya había repetido por enésima vez el examen para obtener la ciudadanía estadounidense que le habría permitido también obtener un seguro médico y otras formas de ayuda social.

Los abogados que la estaban ayudando a obtener la ciudadanía estaban sorprendidos de que una mujer por lo demás de una inteligencia normal no pudiera aprender hechos tan banales como las respuestas a cuántos estados tienen los Estados Unidos, cuál es la capital y cuál es el río más largo del país. Una de las abogadas, que se empeñaba especialmente en ayudarla, llamó a un amigo psicoanalista para que la ayudara a desentrañar por qué Ardo no podía memorizar las respuestas a esas simples preguntas.

En el encuentro con el psicoanalista, Ardo parecía una joven encantadora con un fuerte deseo de volverse ciudadana estadounidense. El problema eran solo los cambios de temperatura. Al llegar a los Estados Unidos, su primer destino fue el estado de Michigan, conocido por sus fríos inviernos. Asustada por el frío, Ardo encontró amparo en la cocina, junto a las hornallas. En la casa donde vivía con otros somalíes, pasaba los días en la cocina, en compañía de las otras mujeres. Después de un tiempo no quería salir de la cocina en absoluto. Las voces de los hombres que oía llegar desde las otras habitaciones le parecían aterradoras, y lo mismo el frío que sentía afuera. Solo el calor de las hornallas y la voz de las otras mujeres somalíes la calmaban un poco.

Su vida dio un vuelco cuando un día, en la calle congelada, sufrió un pequeño accidente de tránsito. Aunque el daño fue relativamente menor, su mundo colapsó. Durante varias semanas no pudo salir de la depresión, estaba al borde del suicidio y después de más de diez años volvieron a su memoria recuerdos largamente olvidados de los hechos traumáticos de su país de origen.

En su libro *Time, Space and Phantasy* [*Tiempo, espacio y fantasma*], la psicoanalista británica Rosine Jozef Perelberg demuestra que nuestra memoria está muchas veces congelada en el tiempo. Expone el caso de la paciente María, que cuenta sin cesar la historia de un amor perdido hace treinta años. Parecía que los veinte años de vida anteriores a esa breve y traumática experiencia amorosa no existían, ni tampoco los muchos años posteriores a ella. María parecía haberse congelado en el momento en que experimentó esa gran pérdida amorosa.

Un año después de empezar el análisis, María tuvo un accidente en una pista de esquí y se lastimó la cabeza. A un año exacto de ese incidente le ocurrió un accidente automovilístico en el que destrozó el auto por completo. Ya en los años ochenta, Julio Granel observó que para algunas personas los accidentes son la piedra de toque que da forma a algo difuso, que carecía de sentido. Antes del accidente la persona estaba en un estado exasperante, y de pronto este drama sin solución del mundo interior es reemplazado por un drama en el mundo exterior, con el accidente. Luego, el accidente se vuelve el problema que comienza a obsesionar al sujeto.

El psicoanalista británico Wilfred Bion también entendió el accidente como una forma importante de búsqueda de significado. Los procesos de desarrollo del sujeto siempre incluyen algunos puntos catastróficos en los que el entorno en el que vive toma forma en momentos de violencia o caos. Entonces parece que puede surgir alguna nueva idea solo porque ha salido a la superficie una especie de fuerza destructiva.

La persona que de algún modo ha quedado congelada en el tiempo puede describir su hibernación de modos muy diferentes. María, a quien antes mencionamos, encontraba la solución en sucesivas enfermedades. Una vez no se levantó de la cama en varias semanas por un resfrío. Atribuía el resfrío a la oficina helada en la que trabajaba. Además del accidente en la pista de esquí y luego con el auto, el frío era también el tema de su amor infortunado. Había recibido la ruptura de su amante como un balde de agua fría. Después de esta trágica experiencia amorosa había quedado de algún modo congelada, por eso no había dejado que nadie más se le acercara. También describía a su madre con la palabra "frío": percibía su relación con ella como fría desde el punto de vista emocional.

Lo más interesante es que también su memoria estaba de algún modo congelada. En ella no había pasado ni presente, solo el suceso traumático alrededor del cual giraba sin cesar. En ese estado de congelación emocional, su cuerpo enviaba señales interesantes que señalaban su deseo inconsciente de hablar. Cuando llegaba al análisis, ya desde lejos se escuchaba su tos. Durante el análisis era como un cuerpo muerto, congelado. Al mismo tiempo se tocaba el cuello todo el tiempo, como si quisiera con sus manos mostrar que había algo en su garganta que quería decir. Paradójicamente, lo que decía era siempre una y la misma historia sobre el amor perdido hacía treinta años, que con el tiempo fue adormeciendo a la analista, de modo que también ella se sintió congelada y sin fuerzas.

También en el plano social nos encontramos con esas memorias congeladas. Cuando en los discursos públicos en Eslovenia escuchamos una y otra vez hablar de conspiración comunista o nuestra memoria sigue dándole vueltas a las traumáticas matanzas de posguerra, es como si la vida anterior y posterior estuviera congelada.

El antropólogo Edmund Leach afirma que las civilizaciones occidentales tienen dos formas bastante distintas y contradictorias de interpretar el tiempo. Por un lado, tenemos la sensación de que los sucesos se repiten una y otra vez; por el otro, muchos procesos nos parecen irreversibles. Tememos que los sucesos traumáticos del pasado se repitan, y a la vez nos parece que lo que estos sucesos provocaron es algo tan poderoso que no podemos ir más allá de ellos, es decir, giramos alrededor de ese suceso sin cesar. Cuando repetimos y repetimos esas historias traumáticas, por supuesto, provocamos en los oyentes una suerte de congelación: ellos ya no reaccionan más ante esas historias.

Resulta paradójico que, en relación con la repetición de los sucesos del pasado, Sigmund Freud tuviera una mirada optimista y dijera que el pasado no puede predecir el futuro. El psicoanalista británico Donald Winnicott agregó que las catástrofes que tememos ya ocurrieron.

En el documental de Werner Herzog y Dimitri Vasiukov, Счастливые люди: год в тайге [o por su título en inglés: *Happy People, a Year in the Taiga*], vemos la vida en un pequeño pueblo siberiano lejos de la civilización, donde la mayoría del tiempo hay nieve y frío. El ancho río Yeniséi está congelado la mayoría del tiempo. La gente vive de lo que le da la naturaleza: pescan y cazan animales salvajes. Los políticos se acuerdan de ellos solo antes de las elecciones. En el corto período en que el Yeniséi se libera del abrazo del hielo y se vuelve navegable, cada cuatro años viene al pueblo el barco con un político que intenta persuadir a los pobladores de que lo apoyen. Trae con él a tres cantantes y algunas bolsas de harina. Desde la orilla, una docena de niños curiosos lo mira, pero los pobladores no le prestan demasiada atención y siguen con sus actividades diarias. El político solitario canta desde el barco canciones patrióticas como despedida, rodeado de las bellas jóvenes que ha traído consigo. Cuando el barco se va, el Yeniséi vuelve a llenarse de nieve y hielo. Pronto se olvidará al político con sus promesas vacías y el río volverá a estar inmóvil en el hielo.

Los políticos solo se acuerdan de la gente en tiempos de elecciones, y la gente desde siempre ha sabido sobrevivir sin ellos. También en la nieve y el hielo. Gennadi Soloviov, que se gana la vida en la Taiga poniendo trampas para animales salvajes y hace excelentes tablas de esquí, dice en el film: "Puedes sacarle todo a un hombre… su riqueza, su salud… pero no puedes sacarle lo que sabe hacer con sus manos".

En 2012, durante la primera bienal de arte contemporáneo en Kiev, se puso de manifiesto que el poder autoritario muchas veces teme hasta los más mínimos gestos del arte. En la programación complementaria, el artista ruso Oleg Kulik preparó la exposición *Apocalipsis y renacimiento*. Entre las obras exhibidas había una instalación en miniatura de las manifestaciones en Moscú de las últimas elecciones rusas, que habían hecho los artistas Lusine Djanyan y Aleksey Knedlyakovsky: las pequeñas figuras de los manifestantes tenían pancartas en las manos con leyendas críticas al régimen de Putin. Desde la inauguración de la muestra, los artistas observaron cómo los políticos sacaban a escondidas de las figuras las pancartas con leyendas demasiado críticas. Después de unas semanas, el gobierno decidió cerrar toda la muestra con el pretexto de que algunas obras de arte exhibían desnudez excesiva, de modo que podían ser clasificadas como pornográficas.

ANGELINA Y EL TSUNAMI

¿Cómo sobrevivir cuando perdemos todo menos la propia vida? ¿Cómo seguir cuando ya no hay nada que esperar del futuro, cuando la muerte parece una solución maravillosa? ¿Cómo seguir cuando vemos que la vida de los demás sigue adelante, que ellos no han perdido todo e incluso son felices? Sonali Deraniyagala es una mujer que perdió todo. Solo le quedó el horror de que su vida continuara. Todo terminó el 26 de diciembre de 2004 en el parque nacional de Yala, en la costa de Sri Lanka, adonde había ido a pasar sus vacaciones como todos los años. Nacida en Sri Lanka, Sonali era profesora de economía en la Universidad de Londres; su esposo, Steve, era un prestigioso investigador en la misma materia. Cuando empezaron las vacaciones de Navidad, Sonali y Steve llevaron a sus hijos —Vik, de siete años, y Malli, de cinco años— a visitar a sus abuelos en Sri Lanka como todos los años. Como los chicos adoraban a los animales, fueron todos juntos a pasar unos días a un maravilloso parque natural y de animales junto al mar. Se les sumaron los abuelos y la mejor amiga de Sonali con sus padres.

Por la mañana, cuando la familia se disponía a volver a Colombo, Sonali vio desde el balcón del hotel que el mar había crecido más de lo habitual. Al principio le pareció algo extraño que valía la pena mirar, y Sonali llamó a Steve para que lo observara. Pero pronto se dio cuenta de que se trataba de algo serio. Estaba pasando algo fuera de lo normal. Pensó que lo mejor sería correr, pero ¿adónde? Sonali y Steve agarraron a los niños y corrieron al jeep más cercano. Los alcanzaron también la amiga de ella y sus padres. Sonali se dio cuenta de que al salir corriendo había olvidado golpear a la puerta del cuarto de sus padres. Pero el jeep ya estaba en movimiento y el agua del océano estaba cada vez más cerca. Mientras el jeep se movía entre las olas, el padre de su amiga se cayó de él. No pudieron recogerlo. Todo lo que podían hacer era seguir lo más rápido posible. Pero el agua fue más rápida. Un momento después, todo iba a quedar atrás. Una ola enorme dio vuelta el jeep; Sonali quedó atrapada debajo. El golpe de la siguiente ola la empujó más allá y esta vez se aferró con sus últimas fuerzas a la rama de un árbol.

Este fue el momento crucial de la supervivencia que no debió ser. Cuando luego Sonali se encontró en el hospital, su horror apenas estaba empezando. Los rescatistas llevaban a los accidentados y ella no encontraba por ninguna parte a sus familiares. Solo reconoció al padre de su amiga, que había sido el primero en caer del jeep. Sonali miró a cada niño que veía en el hospital, y a veces desde lejos advertía el color de una remera como la que llevaba puesta uno de sus hijos; cuando se acercaba, descubría decepcionada que se había equivocado.

En el libro *Wave* [*Ola*], Sonali describe la mezcla de sentimientos terribles que invadieron sus primeros días mientras buscaba a su familia. Desde la esperanza de encontrar a alguno hasta el horrible pensamiento de que ya no los encontraría, y la ira porque otros niños hubieran sobrevivido y los suyos seguramente no. Después de un tiempo, cuando los rescatistas ya no traían a los sobrevivientes sino solo a montones de cuerpos, el horror aumentó. Entre los primeros cadáveres encontró a su esposo y a su hijo Vik, y luego a sus padres y a su amiga.

Para Sonali, la vida se volvió una pesadilla. No quería vivir. Sus parientes de Colombo impidieron que cometiera un suicidio. Durante un tiempo encontró alivio en el alcohol y los somníferos, mirando la realidad a través de un velo neblinoso. Tiempo después, identificaron con una prueba de ADN los restos de su hijo Malli, y ella perdió la poca esperanza que le quedaba de encontrar al menos a un miembro de su familia.

En su libro, Sonali jamás se pregunta si acaso habría sido posible evitar el tsunami. Tampoco se pregunta quién es el responsable de que nadie haya estado al tanto del peligro en ciernes, de que no haya habido ninguna advertencia sobre lo que ocurría o de que nadie haya sabido cómo evacuar en una catástrofe semejante.

La previsión del riesgo y, sobre todo, planear cómo evitar el riesgo son cuestiones omnipresentes hoy en día. Y las personas a menudo no pueden discernir entre su idea de lo que puede ser peligroso y lo que efectivamente es peligroso. Hay dos cosas que provocan especial temor, sin importar cuán peligrosas sean: la radiación nuclear y el cáncer. Tememos a la combinación de ambas: la radiación que provoca una catástrofe nuclear y el cáncer que asociamos a ella.

En el tsunami y terremoto que asoló Japón en 2012, no pudimos prever cuántas personas contraerían cáncer por la radiación o qué otras consecuencias tendría esta catástrofe para la salud en el largo plazo. Los investigadores que rechazan la condena apresurada de la energía nuclear subrayan que en la catástrofe de Japón nadie murió por la radiación, mientras que el mismo día de la catástrofe murieron cuarenta mineros en una mina de carbón en Pakistán, y sobre eso casi nadie habló. De la misma manera, miles de personas mueren en los pozos de combustibles fósiles en todo el mundo (solo en China mueren alrededor de 6.000 por año), para no hablar de quienes mueren por respirar el aire de las centrales termoeléctricas.

La previsión de aquello que podemos temer siempre va ligada a algunos fantasmas. Y por eso aparecen hipótesis sobre cómo impedir el riesgo.

La reflexión sobre cómo evitar el peligro adoptó una nueva dimensión con el impacto mediático que causó la actriz Angelina Jolie al decidir hacerse una doble mastectomía por su predisposición genética al cáncer de mama. Angelina mencionó en una declaración pública que su madre había muerto a los 56 años y que los médicos estimaban que ella tenía 87% de probabilidades de tener cáncer de mama por su carga genética. Subrayó que es madre de seis hijos y que tomaba esta decisión sobre todo porque no quería que también sus hijos temieran quedarse prematuramente sin madre.

Puesto que hoy en día ya no podemos hacer una elección sobre la vida sin información científica presumiblemente objetiva, muchos se preguntaron cómo llegaron los médicos de Angelina a establecer ese 87% de probabilidad de cáncer. Los medios británicos informaron que los cálculos de sus especialistas eran menores al 50%.

De todos modos, Angelina dio el valiente paso preventivo que por fama y dinero podía permitirse. En tiempos en que las personas se identifican mucho con las celebridades, su decisión puso a muchas otras mujeres en varios problemas. El primero es económico. La prueba genética que, en principio, demuestra la probabilidad de cáncer de mama cuesta 3.000 dólares en los Estados Unidos, y el precio de una mastectomía preventiva y de la reconstrucción de las mamas es de decenas de miles de dólares. Después de la declaración de Angelina, la empresa Myriad Genetics, que tuvo durante un tiempo la licencia de los genes BRCA1 y BRCA2 que se asocian al cáncer de mama, publicó una carta abierta en la que ofrecía financiación especial a las mujeres que no pudieran afrontar el costo de las pruebas; por supuesto, en su carácter de "propietaria" del gen del cáncer de mama, la empresa se frotaba las manos ante la perspectiva de hacer, gracias a Angelina, muchas más pruebas genéticas en el futuro.

La decisión de Angelina abrió también las puertas a la reflexión de los psicoanalistas sobre la forma en que las personas entienden la genética. Bien saben los psicoanalistas que existe una diferencia entre el conocimiento objetivo que las personas tienen sobre un riesgo genético, su estado mental y la angustia que sienten ante el peligro potencial. Es importante también qué temores tiene la persona ante la enfermedad, si duda de la autoridad científica o se identifica con ella, y sobre todo cómo se encuadra su miedo a la enfermedad en el equilibrio familiar. Además, la idea del cáncer abre una serie de fantasmas: desde la decadencia física y mental hasta el rechazo, la pérdida y el duelo. Al mismo tiempo, todos estos fantasmas están muy vinculados a cómo nos imaginamos que el posible diagnóstico de cáncer influirá en las relaciones familiares. Alguien que tiene miedo de tener cáncer puede, por ejemplo, fantasear que ante ese diagnóstico cambiará su posición en la familia, de modo que perderá su poder simbólico o se transformará su papel de padre o madre. Algunas personas se enojan irracionalmente por haber heredado un supuesto gen perjudicial, a otras sobre todo les da miedo pasar ese gen a sus hijos.

Los investigadores que se ocupan de la prevención genética del cáncer notan que las personas no les preguntan si se enfermarán de cáncer, sino sobre todo cuándo lo van a contraer, como si el resultado de las pruebas genéticas no informara sobre algo que puede llegar a ocurrir sino sobre algo que tarde o temprano está escrito en su destino. Resulta paradójico que el temor al cáncer no desaparezca entre quienes reciben un resultado negativo en la prueba genética. Su temor es tal que no pueden discernir entre el riesgo genético de una persona y el riesgo general, que alcanza a todas.

En los debates públicos, Angelina habló sobre todo de lo que su operación significaba para su feminidad. Declaró que la mastectomía no la hacía sentir en absoluto menos mujer, y se ganó por eso mucha aceptación. Muchas mujeres se identificaron con su valentía porque renunciaba a sus mamas por el riesgo genético y porque lo hacía por sus hijos.

En su libro, Sonali, que perdió lo que más quería —a sus hijos—, se enfrentó a la pérdida de un modo diferente. Ella no intentó prever lo que iba a ocurrir ni lo que podría haber sido. Mientras leía su libro, se me cayeron las lágrimas al llegar a la parte donde describe que a cinco años de la catástrofe empezó a encontrarse regularmente con los amigos y compañeros de escuela de sus hijos, a hablar de cómo recordaban ellos a Vik y a Malli y a comentar sus problemas aquí y ahora. Sonali dedicó el libro a las dos hijas de su amiga, que tenían la misma edad que los hijos de ella. Cuando contempla la vida de estas dos chicas, piensa cómo habría sido si las cosas hubieran sido de otro modo, pero a la vez sabe que la vida es solo un riesgo que no podemos prever.

Por eso tenía razón Samuel Johnson: "Cuando elijas en la vida, no te olvides de vivir".

SREBRENICA – ST. LOUIS, IDA Y VUELTA

En 2015 recordamos el vigésimo aniversario de la masacre de Srebrenica y el problema de los refugiados de la guerra de Bosnia y Herzegovina, cuando el mundo y también Eslovenia recibían a miles de refugiados con los brazos bastante más abiertos que a los refugiados que llegan en los últimos años de la zona de Oriente Próximo.

Hace un tiempo me enteré por casualidad de que la mayoría de los refugiados bosnios de los Estados Unidos vive en St. Louis, donde son hoy más de 70.000. Hay también en la ciudad una comunidad psicoanalítica muy activa, cuyo impulsor es el psicoanalista y psiquiatra Todd Dean, que hace ya muchos años ofrece ayuda psicoanalítica gratuita a los refugiados. Cuando este grupo de psicoanalistas me invitó a dar una conferencia, decidí indagar un poco lo que había ocurrido con los bosnios veinte años después de la guerra, cómo se enfrentaban con sus traumas, cómo afrontaban el pasado y cómo se encontraban en el nuevo país.

Mi visita a Little Bosnia, como se llama la parte de St. Louis donde viven los bosnios, comenzó de una manera bastante chocante. El taxista que me llevó estaba ostensiblemente molesto porque le dije que iba a visitar el lugar donde vivían los bosnios. Comenzó a contarme que había servido en Bosnia como miembro de las fuerzas de la OTAN. Hoy le parecía que los refugiados bosnios vivían bastante mejor que él. Me decía que el Gobierno cuidaba mejor de los refugiados que de los ex soldados, que los bosnios tenían empresas redituables, se compraban grandes casas, y mientras tanto él tenía que dar vuelta los bolsillos para sobrevivir.

A través del psicoanálisis, sabemos que tras el nacionalismo y el racismo muchas veces subyace el fantasma de que otro disfrute a costa nuestra. Lamentablemente no se veía ni prosperidad ni buen pasar entre los bosnios de Little Bosnia. El lugar se veía como un desierto urbano, una ciudad de los espíritus, llena de recuerdos del pasado yugoslavo y de la experiencia traumática de la guerra de Bosnia.

Cuando entré en el pequeño restaurante Stari Grad —Ciudad Vieja—, me pareció estar en un viejo film yugoslavo. Mesas desvencijadas cubiertas con manteles verdes, olor a cigarrillos y fotografías enmarcadas de las antiguas ciudades bosnias daban la sensación de haber retrocedido varias décadas en el tiempo. La dueña del local también parecía congelada en el pasado. Esta señora mayor se mostró extremadamente reservada cuando le pregunté de dónde venía. Cuando me trajo la porción de *čevapčići*[7], empezó a contarme que había huido de Prijedor, que en la guerra había perdido a muchos miembros de su familia, que le había costado mucho adaptarse

---

7. Comida típica bosnia, que consiste en albóndigas de carne de forma cilíndrica y se sirve dentro de un pan redondo y aplanado —*lepinja* o *somun*—, con cebolla picada y el queso blanco llamado *kajmak*. [N. de la T.]

a su nueva patria y que para ella Bosnia ya no era la patria adonde pudiera volver.

En otro local, unas casas más adelante, había algo más de optimismo. Era el club bosnio de fútbol, y la selección local había ganado el campeonato de clubes bosnios en la diáspora. Este local también parecía un comedor de fábrica socialista de los años setenta. El señor con quien me encontré en el club empezó a contarme cómo los serbios habían acribillado a todo su pueblo y, mientras buscaba refugio, él había visto desmoronarse a su hija de cinco años. La había alcanzado un francotirador desde lejos. La familia había enterrado a la niña, pero después de un tiempo los serbios la habían desenterrado y llevado los restos a otra parte. Este hombre va a Bosnia todos los veranos y espera por fin encontrar los restos de su hija con la ayuda de una prueba de ADN. Espera así llegar a cerrar de algún modo su duelo.

Unos meses después de este encuentro traumático, cuando fui de visita a Srebrenica, me pregunté si en verdad el ADN ayudaba a transformar la lógica del duelo. Me llevó hasta allá el profesor de derecho penal de Tuzla, Dževad Mahmutović, que de joven había servido en el ejército bosnio. Dževad viene de un pequeño pueblo musulmán cerca de Srebrenica, donde durante muchas décadas vivieron en paz con los pueblos serbios vecinos. Durante la guerra, en el pueblo hubo una matanza terrible en la que el ejército serbio mató a casi todos los pobladores, incluido el padre de Dževad. Hoy es un pueblo fantasma. De los trescientos habitantes que eran, solo una señora mayor vive parte del año allí.

Después de la guerra, Dževad trabajó al principio en la construcción, luego completó los estudios en la Facultad de Derecho mientras trabajaba, y finalmente se doctoró. Como tema de tesis eligió analizar el trato a los presos serbios en las cárceles bosnias actuales. Ellos son hoy como muertos en vida, olvidados tanto por los serbios como por los bosnios, y cumplen su condena en condiciones durísimas.

También Dževad buscó a su padre con ayuda del ADN después de la guerra. Hace unos años lo encontró cuando se hacían excavaciones en una fosa común. Cuando le pregunté si esto le había permitido concluir el duelo, me respondió que sí y no. El acto mismo de la búsqueda paradójicamente lo ayudaba: tenía un objetivo y tenía esperanzas. Ahora que los restos han sido encontrados le ha quedado solo el vacío.

Las personas se enfrentan al trauma de forma muy personal. En el juicio a Ratko Mladić en los tribunales de La Haya, el primer testigo fue Elvedin Pašić, de St. Louis, que a los catorce años observó a los soldados de Mladić llevarse del pueblo a su padre y a otros hombres. Elvedin estuvo más tarde con su madre en un campo de concentración, donde se enteró de que todos los hombres habían sido brutalmente asesinados. En La Haya se le caían las lágrimas cuando contaba que hasta el día de hoy se reprocha no haber intentado volver a ver a su padre una vez más antes de su muerte. El recuerdo de su padre muerto lo persigue aún más desde que es padre él también. Cuando se le preguntó qué reparación esperaba obtener si Mladić era condenado, respondió que solo esperaba saber dónde estaba enterrado su padre.

Aunque quizá no nos ocupamos mucho de los traumas en forma consciente, estos muchas veces afloran de manera inconsciente. En St. Louis, algunas mujeres mayores han encontrado en el trabajo una solución aparente al trauma. Suelen trabajar muchas horas como empleadas domésticas o como mozas de restaurantes. El motivo no es solo ganar buen dinero; el trabajo es también la manera de huir de memorias traumáticas. Y muchas veces el trauma aflora en el momento en que algo interfiere en la rutina del trabajo: por ejemplo, cuando aparece una enfermedad o un accidente. De pronto se cae la estructura defensiva que había sido armada con la actividad constante.

En los bosnios, el problema con el trauma aparece también porque en el pasado en su cultura no se hablaba mucho del trauma, y la persona que buscaba ayuda psicológica era rápidamente estigmatizada. Todd Dean describe el ejemplo de un bosnio que padecía ataques de asma, por lo que muchas veces no podía hablar por teléfono. En el análisis, este hombre recuerda que la primera vez que se enfrentó a la imposibilidad de hablar por teléfono fue durante la guerra, cuando se enteró de que los de su pueblo habían muerto en un campo al que él había conseguido evitar que lo deportaran. Cuando más tarde huyó al extranjero, empezó a tener ataques de asma y tuvo una época en que rompía en llanto de la nada. Consideraba que todas estas cuestiones eran problemas de salud y no reacciones emocionales al trauma. Jamás hablaba de sus emociones. La situación cambió un día en que el traductor que habitualmente lo ayudaba a hablar con el psiquiatra en las sesiones no pudo ir al encuentro. Entonces resultó que el hombre en realidad sí sabía hablar inglés, y también por primera vez habló de sus emociones. Todd Dean explica la imposibilidad de hablar de los traumas y las emociones por el hecho de que en la ex Yugoslavia las personas no se atrevían a hablar con libertad, es decir, muchos eran castigados por hablar sin rodeos o veían que otros terminaban en la cárcel por sus palabras.

Uno de los mejores testimonios de cómo enfrentar el trauma de la guerra es el cortometraje documental *Botas de goma rojas* de la directora Jasmila Žbanić, más conocida por la película *Grbavica*. En este documental, vemos a una mujer que junto con el famoso forense bosnio Amor Mašović busca los restos de sus dos pequeños hijos. Como uno de sus hijos llevaba puestas unas botas de goma rojas cuando lo mataron, ella espera encontrar en las fosas comunes al menos esas botas, porque el plástico no se degrada. El rostro de la mujer está como congelado en el tiempo y su forma de hablar no expresa ningún tipo de emoción. Pero en un momento dice que a diferencia de otras mujeres que han perdido a sus hijos, ella no sueña con ellos. Mientras las otras han encontrado consuelo en los sueños —los hijos muchas veces les dicen en los sueños que están bien—, esta mujer está privada también de esos encuentros. La única esperanza que le queda es un trozo de plástico: las botas de goma rojas.

El problema de la búsqueda de restos en fosas comunes es que los huesos están con frecuencia repartidos en distintas tumbas. Cuando durante la guerra aparecieron registros satelitales de las fosas comunes, los serbios comenzaron a trasladar los restos de grandes fosas a otras más pequeñas. Por eso hoy puede ocurrir que se encuentren huesos de una persona en distintos lugares. De modo que apareció también la duda de qué proporción del cuerpo es necesario encontrar para decir que alguien está enterrado ahí. Una de las respuestas iba en la dirección de afirmar que era necesario encontrar al menos el 70% del cuerpo. Pero hace unos años, los líderes religiosos de las tres congregaciones principales de Bosnia y Herzegovina acordaron que cada uno de los huesos representa al cuerpo. Las cosas se complicaron más en el caso de los croatas muertos de Bugojno. Sus cuerpos habían sido quemados. Acordaron que también se enterrara a estas víctimas.

En tiempos en que depositamos tantas esperanzas en las investigaciones forenses de los restos, parece que la medicina forense puede simbólicamente despertar a los muertos en los anales de los vivos. Como si se esperara que los muertos pudieran volver a hablar —sin duda, para decir lo que queremos escuchar—.

La historia está llena de tumbas vacías. Incluso la fe cristiana comenzó con un sepulcro vacío. Cada tumba, llena o vacía, abre el trauma de la pérdida. Con la pérdida también se enfrentan los principales actores de la guerra de Bosnia y Herzegovina. En uno de los interrogatorios de La Haya, Ratko Mladić afirmó que no podía responder a las preguntas porque había perdido su prótesis. Cuando se la trajeron de la celda, solo dijo que no reconocía a esa corte satánica. Su abogado Branko Lukić agregó que su defendido era bastante mayor y que padecía del síndrome de "engaño de la memoria": describió este supuesto síndrome como una perturbación de la memoria en la que "una persona no puede distinguir entre la verdad y los hechos, porque dice la verdad aun cuando no la practique". Seguro que ante esta explicación Sigmund Freud se revolvería en su tumba.

¿Hacia dónde vamos?

AUTODESTRUCCIÓN, REDES Y GANANCIAS

C UANDO HACE AÑOS EL actor estadounidense Robin Williams terminó su tratamiento para la dependencia de las drogas y el alcohol, empezó una gira por los Estados Unidos con el espectáculo de *stand-up* *Armas de autodestrucción*. En una parte del show afirmaba que la sociedad en que vivimos consume muchas drogas: "Toda la medicación que tomamos: Prozac, Effexor, Valium. Me parece que los últimos diez años todo el país estuvo tomando una de esas raras drogas: 'Foquitol'. Ahora que estamos despertando parece que la última cosa que recordamos es que la economía funcionaba y teníamos superávit presupuestario".

Con el título del show, el actor aludía a la búsqueda de Bush de supuestas armas de destrucción masiva en Irak, por causa de la cual los Estados Unidos intervinieron este país. Pero la mayor parte del show giraba en torno de las armas de autodestrucción que usan los estadounidenses. Si el país está bajo los efectos de drogas extrañas que le impiden ver qué está ocurriendo en realidad en la economía, en la vida privada la gente está cada vez más bajo los efectos de otras y variadas drogas, que temporariamente les nublan la mirada sobre la realidad de la situación y a la vez abren una serie de nuevos problemas.

En 2014, el propio Robin Williams echó mano de un "arma de autodestrucción" y terminó trágicamente su vida. En el momento de su muerte, los medios especularon sobre si se trataba de una posible reincidencia, de depresión, de trastorno bipolar o de una combinación de todo lo anterior.

El problema de la sociedad contemporánea es que cada vez más gente va en camino de su autodestrucción. Pero a menudo la víctima no es solo la persona que se destruye sino también los que están a su alrededor. En Eslovenia, casi no pasa una semana en que no lea que un hombre ha matado a algún miembro de su familia o a su ex pareja, a veces incluso a un hijo, y luego se ha suicidado. Cada una de estas trágicas historias es por supuesto individual. El aumento del número de hechos de este tipo de todos modos da cuenta de un problema social más amplio que atañe a la salud mental de las personas y cómo se enfrentan a las dificultades.

En su libro *Mal de femme: La perversion au féminin* [*Mal de mujer: la perversión en lo femenino*], Alain Abelhauser, profesor de psicopatología en la Universidad de Rennes, en Francia, llega a la conclusión de que la autodestrucción adopta hoy formas muy solapadas. En su práctica encontró por ejemplo mujeres que padecían de anemia crónica. Solo después de un tiempo se reveló que se cortaban la parte interior de la boca, lo que, por supuesto, desde afuera no se veía. Su problema era que no sabían expresar el dolor de otro modo que no fuera atormentando su cuerpo. Iban de médico en médico con la esperanza de encontrar ayuda, y cuando algún médico descubría de qué se trataba dejaban de visitarlo.

La psicoanalista francesa Brigitte Balbure afirma que en su práctica jamás había encontrado a tantas personas con la salud mental gravemente comprometida por los problemas en el trabajo. A muchas personas con formación superior les ocurre que reciben una oferta de trabajo que parece interesante. Al firmar el contrato, la dirección les promete que podrán ascender pero antes deberán trabajar duro, por supuesto, para probar su capacidad. Cuando empiezan a trabajar se les van agregando nuevas exigencias: el día laboral se extiende cada vez más, tienen poca colaboración en las tareas. Y cuando después de un tiempo preguntan por el ascenso prometido, a menudo reciben un duro rechazo. Los que siguen preguntando por el ascenso, el aumento de sueldo o la colaboración extra reciben enseguida un ofrecimiento de acuerdo de terminación del contrato. Cuando ese tipo de problemas se repite, las personas se deprimen y angustian con rapidez. Algunos comienzan a hacerse preguntas dolorosas: ¿hay algo que anda mal conmigo? Y en especial las mujeres caen en ese círculo vicioso de cuestionamientos. Se preguntan si su capacidad es suficiente, si merecen el éxito y demás.

En Gran Bretaña se ha discutido hace poco tiempo que al menos un quinto de la población padece depresión. Entre los varones de menos de cincuenta años el suicidio es la muerte más frecuente, antes que los accidentes de tránsito, el cáncer y las enfermedades cardiovasculares. Dos tercios de las personas que se enfrentan a la depresión no se recuperan. Simon Wessely, el presidente del Royal

College of Psychiatrists, se preguntó al asumir sus funciones cómo reaccionaría la sociedad si dos tercios de las personas enfermas de cáncer no tuvieran ningún tipo de cura.

¿Las personas padecen hoy por problemas distintos que hace décadas? La psicoanalista británica Susie Orbach responde que la mayoría de sus pacientes traen desde siempre cuestiones relacionadas con los vínculos. Muchos sufren de maneras distintas por los vínculos familiares, en las relaciones amorosas, y en la actualidad cada vez más por la ausencia de vínculos auténticos, la cual está ligada muchas veces tanto al deseo de proximidad como al temor a ella.

Claro está que las personas se enfrentan a dificultades con los vínculos también en la vida laboral. El problema es que hoy estas relaciones se ven cada vez más como algo meramente pragmático. En ocasiones, incluso como algo que hay que aprender expresamente en los así llamados cursos de trabajo en red o *networking*. El antropólogo británico David Leitner se inscribió en uno de estos cursos para investigar cómo se conciben hoy las relaciones laborales. Primero se les pidió a los asistentes que dibujaran un esquema de todas las redes de las que formaban parte. Luego empezaron a aprender cómo podían ampliar el círculo de conocidos para que al final esta gran red les proporcionara ganancias. Hay que considerar a cada conocido como alguien que alguna vez puede contribuir al éxito. Sin embargo, formar redes exitosas no es tarea fácil en absoluto. La persona debe aprender cómo mantener el contacto con conocidos ocasionales, darles, por ejemplo, pequeños regalos sin esperar nada a cambio en lo inmediato.

Cuando las personas comienzan a verse unas a otras a través del prisma del trabajo en red, cuando son unas para las otras solo un objeto que les permite ascender en la escala del éxito, en algún punto aparece un problema: también se ven a ellos mismos como un trampolín para el éxito de los demás.

Lo paradójico es que aquello que al principio reclaman como imprescindible para el bien del sujeto, después de un tiempo es entendido como algo que provoca dependencia y por lo tanto hay que tomar como una enfermedad. Por un lado, tenemos cursos para formar redes, para formar vínculos; y por el otro, tenemos talleres para superar la dependencia de los vínculos.

Además de todo el dolor que causan los problemas de dependencia a las personas y a todos a su alrededor, el tratamiento de los medios del tema de la dependencia se ha vuelto una verdadera farsa. En la misma edición donde hay un texto sobre los problemas con el alcohol de Robin Williams, el periódico inglés *The Guardian* publicó una serie de opiniones de distintas personas sobre los objetos superfluos que compran por Internet cuando están alcoholizados. Los autores compiten para ver quién recuerda la mayor tontería. Es paradójico que de los textos no se desprenda que los avergüence haber tomado demasiado alcohol o que se lamenten por haber estado borrachos. Tal vez si hubieran visto el *stand-up* de Robin Williams habrían recordado su advertencia: nunca debemos hacer compras *online* cuando estamos borrachos.

Antes se decía: *"Si bebes, no conduzcas"*, o bien: *"Si bebes, no envíes mensajes telefónicos a ex amantes".*; podríamos acuñar una nueva: Si bebes, no vayas de compras. Las primeras dos advertencias intentan impedir que se haga daño a los demás bajo la influencia del alcohol, y la tercera solo trata de evitar el daño económico que nos hacemos a nosotros mismos. Con la última advertencia no estarán de acuerdo los comerciantes *online*. Con la autodestrucción de las personas sin duda aumenta la ganancia.

CORBATAS CON NUDO

Li Edelkoort, la gran gurú de la moda, famosa por anticipar tendencias, publicó un manifiesto en el que dice que ha llegado el tiempo del fin de la moda. Lo que hasta hace poco entendíamos como moda se ha vuelto un completo absurdo. La moda se ha vuelto todo (desde las prendas de vestir hasta los muebles y el estilo de vida), todo lo *cool*. Los estudiantes de diseño de moda parecerían vivir en la ilusión de poder volverse todos y cada uno el gran creador, y en realidad saben cada vez menos sobre los materiales con los que trabajan. Tras los brillos de las pasarelas hay una industria basada en la explotación de los trabajadores del Tercer Mundo, grandes campañas de *marketing* y medios y *bloggers* corruptos que publican por dinero artículos en apariencia neutrales sobre prendas de vestir y accesorios de moda.

En las últimas décadas, las tendencias han cambiado con tal velocidad en la industria de la moda que, por un lado, el mercado se ha saturado de cosas y, por el otro, es muy difícil mantener la diferencia entre copias y originales. Aunque muchos países persiguen las copias de las grandes marcas, las pequeñas están mucho más expuestas a que alguien les robe un diseño. Las leyes que protegen la propiedad intelectual están sobre todo del lado de las grandes corporaciones. Pero también aparecen tan buenas copias de accesorios de moda que ni siquiera los fabricantes distinguen las falsificaciones. Una señora coreana pidió a la tienda parisina Chanel que le reparara una correa de la cartera. Ella sabía que tenía una copia de la cartera Chanel, pero estaba tan bien hecha que el fabricante no pudo decir que no era original.

La producción masiva de vestimenta y accesorios paradójicamente ha llevado a una suerte de uniformización de lo que la gente lleva, e incluso a una universalización de la vestimenta deportiva; en Nueva York casi todas las tiendas tienen en la vidriera maniquíes vestidos con prendas deportivas, y muchísima gente lleva puesta ropa de deporte todo el día.

En su libro *Why do Women Write More Letters Than They Post?* [*¿Por qué las mujeres escriben más cartas de las que envían?*], Darian Leader afirma que a menudo las mujeres quieren comprarse el vestido que nadie tiene, y los hombres el traje que llevan todos los demás. Hace poco tiempo, los políticos griegos se rebelaron contra esta universalización.

Al asumir sus funciones como primer ministro de Grecia, Alexis Tsipras juró no usar corbata hasta tanto no se renegociara la deuda griega. Su decisión fue seguida por el entonces ministro de Finanzas Yanis Varufakis. Cuando visitaron las capitales europeas, la discusión sobre sus atuendos eclipsó los temas políticos. *The Guardian* destacó el encuentro de Varufakis con su colega británico George Osborne como "el momento de la moda". Osborne, que llevaba un traje muy adecuado, estaba peinado "a la Julio César", mientras que Varufakis llevaba una chaqueta de cuero que recordaba a los *dealers* de Manchester.

El diario italiano *La Repubblica* escribió que el estilo de la moda ateniense demostraba lo poco que los griegos respetaban cualquier tipo de convención. En su encuentro con Tsipras, el entonces primer ministro italiano, Matteo Renzi, le regaló al primer ministro griego una corbata.

Mientras los medios griegos informaban que Varufakis, con su estilo de vestimenta, ayudaba a restituir la dignidad después de cinco años de crisis, la mayoría de los medios europeos consideraron una afrenta a los códigos de vestimenta de la alta política el hecho de que Varufakis hubiera llegado en mangas de camisa, y con la camisa por fuera del pantalón a sus encuentros con los políticos occidentales y les hubiera dado la mano con la otra en el bolsillo mientras se veía de lo más relajado.

Los políticos están hoy uniformados tanto por la vestimenta como por las ideas —muchas veces resulta difícil advertir las diferencias entre las propuestas de la izquierda y la derecha—. Hoy los políticos occidentales tienen una apariencia parecida a la de los ejecutivos de Wall Street, y es que muchos de ellos provienen de ahí. Los políticos griegos intentaron condimentar su rebelión contra esa casta neoliberal a través de la rebelión contra los códigos de la moda que dominan la política.

La corbata, que se volvió un símbolo universal de la vestimenta masculina, viene de Croacia. En el siglo XVII la llevaban los soldados croatas en tiempos de la guerra de los Treinta Años, y la nobleza parece haber quedado tan enamorada de ellas que pronto se volvió la prenda de vestir más deseada de los hombres franceses. ¡Así que los croatas celebran el Día de la Corbata!

No solo los políticos griegos se rebelan contra el uso de la corbata. Muchos la rechazan por el peligro de que se acumulen bacterias en ella. Es por eso que a los médicos británicos se les ha prohibido usarla mientras trabajan. Las corbatas son peligrosas también porque podemos asfixiar a alguien con ellas. En las escuelas donde los chicos deben llevar corbata, se molestan unos a otros tirándose de ella.

Cuando ocurrieron las protestas de Occupy Wall Street! aparecían pancartas en las manifestaciones con la imagen de una corbata con un nudo de ahorcado. Tal vez Tsipras y Varufakis trataron de evitar que los financistas europeos intentaran ahogar económicamente a Grecia, y por eso se rehusaron a usar corbata; pero puede que solo hayan tratado de impedir que se extendiera aún más en Europa la bacteria del neoliberalismo.

Muchas veces en la historia, las personas o grupos de personas han intentado llamar la atención sobre algún problema social a través de la vestimenta Recordemos a las "mujeres de negro" que durante la guerra protestaban día tras día en Belgrado, o a las Madres de Plaza de Mayo con sus pañuelos blancos en la cabeza reclamando la aparición de sus hijos en la Argentina. O al grupo ucraniano Femen, que se rebela contra la política y la violencia contra las mujeres escribiendo mensajes de protesta en sus cuerpos desnudos. Cuando Margaret Thatcher se encontró con la diseñadora de modas Katharine Hamnett, ella llevaba puesta una remera larga con una inscripción que criticaba la política de la primera ministra británica.

A través de la relación con la moda podemos también rebelarnos contra nosotros mismos de distintas maneras. La psicoanalista francesa Geneviève Morel describe el caso de una paciente de alrededor de cincuenta años que hablaba constantemente en análisis de sus problemas con los hombres. Encontraba a muchas posibles parejas en Internet. Pero todos tenían algún defecto: uno era feo, otro era impotente, otro era mezquino. Tenía la sensación de que todos se aprovechaban de ella, y por eso terminaba la relación rápidamente. Esta mujer era siempre muy poco expresiva y muy conservadora en el vestir. Un día llegó con unos aros muy bonitos y llamativos, y la analista mencionó lo interesantes que eran. Después de este comentario, la mujer empezó por fin a hablar de su gran problema. Admitió que había caído en grandes deudas por su obsesión por las compras y que tenía en casa cantidades de vestidos preciosos que jamás mostraba en público. En su guardarropas había también más de cien pares de zapatos elegantes que aún no había usado. Solo se ponía los vestidos nuevos dentro de casa. Disfrutaba de ver su transformación de una mujer de apariencia bastante corriente en una diva con *sex appeal*, pero solo en el refugio de su hogar. Cuando la analista le preguntó por qué hacía esto, ella respondió que temía usar un vestido sexy en público y que los hombres le cayeran encima. Los insulsos vestidos que llevaba eran una forma de protección ante el abordaje sexual de los hombres. Sabemos por el psicoanálisis que las personas muchas veces hacen todo lo posible para no obtener lo que más desean, y que de distintas formas acaban con su vida. Por un lado, esta mujer buscaba pareja en Internet y, por el otro, hacía todo lo posible por no encontrarla. Y entre tanto arruinaba su economía.

Si observamos el futuro de la moda podemos advertir bastantes tendencias que glorifican distintas formas de autodestrucción. La diseñadora de modas Billie Whitehouse ideó una remera deportiva con la cual podemos sentir en nuestro cuerpo los golpes que reciben los jugadores en los partidos que miramos por Internet. Esta diseñadora piensa que la vestimenta puede darnos también placer físico. Ahora su proyecto es ropa interior con sensores asociados a teléfonos inteligentes. Así, uno podrá excitar a su pareja a distancia apretando el teléfono inteligente. Y a distancia podría también torturarla.

Mark Twain dijo una vez que la ropa hace al hombre, porque está probado que las personas desnudas tienen poca o ninguna influencia en la sociedad. Tampoco tienen mucha los que no llevan corbata, a menos que trabajen en Silicon Valley. Allí usar corbata no está de moda en absoluto. Los gigantes de las nuevas tecnologías (que en su mayoría son varones) no necesitan tirarse de la corbata unos a otros; pueden torturarse apretando botones o encontrar placer en la autoflagelación con diferentes aplicaciones.

MÁS Y MÁS APLICACIONES

A principio de año, muchas personas se prometen cambiar de hábitos. En esa época los gimnasios están llenos, la gente empieza a hacer dieta, algunos dejan de tomar alcohol, otros dejan de fumar. Muchos deciden que en el nuevo año van a ser más productivos, así que hacen concienzudos planes para su trabajo; cuentan las horas que pierden en redes sociales y demás. Para todos esos compromisos hoy existen muchas aplicaciones que se supone ayudan a que en efecto llevemos a cabo esos planes. Muchas son gratuitas, algunas cuestan algunos euros, por eso a menudo no representan un gran gasto para quien espera que la aplicación lo ayude a tener mejores hábitos.

Año tras año aparecen en el mercado más y más aplicaciones y nos preguntamos si son realmente necesarias. Un fabricante de cepillos para el cabello lanzará en breve un cepillo con sensores que informarán al usuario si sus cabellos están resecos, si hace falta lavarlos, si tienen las puntas resquebrajadas y si necesita cortarlas. Una aplicación para los propietarios de perros les dará la posibilidad de medir la actividad física de su perro durante el día. Otra aplicación supervisará al perro cuando está solo en casa y le avisará al propietario si tal vez el perro en su ausencia ha comenzado a destrozarle el sofá. Una tercera aplicación nos advertirá cuando estemos respirando un aire contaminado. Claro que la cuestión es qué hacer con esa información. ¿Nos subimos de inmediato a un avión y nos vamos adonde el aire sea más puro?

Las aplicaciones que nos estimulan para que hagamos más actividad física intentan influir de distintas maneras para que los usuarios no las olviden demasiado rápido. Apple, que junto con Nike creó el reloj Apple Nike +, se ufana de que el reloj nos recuerda cuándo debemos salir a correr. A una hora determinada aparece la pregunta: "¿Salimos a correr hoy?". Y como es fácil ignorar esa pregunta, la aplicación intenta motivarnos diciéndonos que afuera hay buen tiempo o que nuestros amigos ya completaron su trote de hoy. Para provocar nuestra envidia competitiva, el reloj también nos dice cuántos kilómetros han corrido los amigos hoy y a qué velocidad. Con un signo particular del puño nos permite alentarnos entre amigos para la actividad física.

Si bien en el reloj Apple Nike se trata de un aliento simbólico, en la aplicación Pavlok la gente se da aliento sobre la base de un leve impulso eléctrico si no sigue el objetivo propuesto. La aplicación, que está instalada en una pulsera de plástico, se basa en la idea de que la autoflagelación es la mejor forma de que la gente cambie sus hábitos. Los fabricantes de Pavlok dicen que la aplicación reemplazaría a la voz interior de la persona, cuando nos dice: "¡Arriba, dormilón, es hora de ir al gimnasio!"; "¡A levantarse! ¡Estás perdiendo el tiempo en Facebook!"; "¡Deja esos bizcochos!".

Como las personas no usan demasiado tiempo este tipo de aplicaciones, cada vez está más presente la idea de que van a conseguir cambiar los hábitos solo porque les aumenta el sentimiento de culpa y angustia. No obstante, estos sentimientos son un elemento importante de la sociedad de consumo, porque quienes siguen ocupándose de su productividad son los sujetos pasivos ideales del capitalismo neoliberal. Pero quienes insisten en cargar aplicaciones en sus teléfonos inteligentes y rara vez las usan muchas veces las consideran un objeto que hace las cosas en lugar de ellos.

En la relación con las aplicaciones entra en juego lo que Robert Pfaller llamó "interpasividad". El filósofo austríaco toma el ejemplo de una persona que fotocopia libros que jamás lee; alguien que se arma una colección de películas pero nunca las mira o un monje budista que tiene un molino de plegaria que ora por él. En todos estos ejemplos el sujeto puede ser pasivo porque un objeto parece hacer algo en lugar de él, es decir, la persona delega un placer en un objeto para poder dedicar su tiempo a otro placer.

Podemos tomar las aplicaciones como el objeto de la nueva era que hace algo en lugar de nosotros. Cuando cargamos una aplicación de gimnasia en el teléfono, ocurre algo parecido a cuando fotocopiamos un libro que jamás vamos a leer. El mismo acto de fotocopiar nos permite usar el tiempo en otras cosas, porque el acto de leer lo hemos delegado de alguna manera en la fotocopiadora. Y cuando tenemos una aplicación de gimnasia en el teléfono, podemos tranquilamente hacer otras cosas porque el ejercicio ya ha sido hecho al bajar la aplicación en el teléfono.

Tal vez nos entretenemos un poco más con la aplicación si recibimos alguna recompensa por el ejercicio. Algunas empresas de seguros extranjeras prometen premiar con iPads y cosas por el estilo a las personas que más actividad física practiquen. Como prueba de la actividad deben mostrar la aplicación del teléfono que mide sus pasos. Muchos descubrieron que se podía adquirir pasos agitando el teléfono en el aire. Algunos saludaban con el teléfono en la mano mientras miraban televisión en el sofá, y sin grandes esfuerzos físicos se ganaron la recompensa deseada.

Si el debate sobre las aplicaciones muchas veces gira en torno de la cuestión de si son realmente útiles y por qué las usamos durante tan poco tiempo, en su inutilidad en realidad siempre está en juego la utilidad para el fabricante. En efecto, este último reúne diversos datos del usuario a través de la aplicación y a menudo los revende con un buen beneficio.

La estadounidense Amy Pittman cuenta que como muchas veinteañeras tenía en el teléfono una aplicación para casi cada una de sus actividades cotidianas. Pero como la mayoría, después de unas semanas dejó de usarlas. Cuando con su marido decidieron formar una familia, se volvió completamente dependiente de la aplicación que medía su ciclo menstrual. La aplicación conocía el ciclo reproductivo de Amy más que su esposo o su médico. Cuando el test de embarazo le dio positivo y Amy anotó el resultado en la aplicación, la aplicación la redirigió a otra para el seguimiento del embarazo. Amy por supuesto la descargó de inmediato en su teléfono.

Esta aplicación estaba llena de colores vivos y gráficos interactivos. Amy seguía en forma visual lo que ocurría con el feto, leía consejos para el embarazo y demás. Lamentablemente, tuvo un aborto espontáneo temprano. Anotó adrede este triste acontecimiento en la aplicación y dejó de usarla. Después de siete meses tuvo un *shock*: recibió en la puerta de su casa un paquete con alimento para bebé. Cuando abandonó la aplicación, no pensó ni por un momento que la empresa que había puesto esta aplicación en el mercado había vendido su información a empresas que producían artículos para bebés y luego no les había advertido que ella había abandonado la aplicación por el aborto. Ante el constante bombardeo de *marketing* con productos para bebés, Amy se preguntó si después de unos años recibiría un ofrecimiento para inscribir a su hijo no nacido en la escuela, o si más de una década después recibiría también información de instituciones de educación superior.

Las aplicaciones que descargamos en los teléfonos inteligentes por lo regular nos piden que aceptemos los términos y condiciones de su uso. Lo mismo ocurre cuando nos conectamos a Internet gratuita en algún lugar. La gran mayoría de los usuarios confirma la aceptación sin pensarlo mucho. Pero también aquellos que leen los términos y condiciones antes de aceptarlos en general se desesperan, porque se trata de cláusulas de contratos a largo plazo y de difícil comprensión. Si el usuario medio de Internet y de las aplicaciones leyera todos los términos y condiciones que desfilan frente a él en un año, según los cálculos de los investigadores debería emplear más de 200 horas por año en leerlos. Y si no estuviera de acuerdo con ellos, su vida se limitaría mucho, porque no podría acceder a muchas de las cosas que usa todos los días.

El problema que se constata cada vez con mayor frecuencia con respecto a los datos es que la gente envía constantemente sin saberlo datos sobre sí misma, que no solo se usan para fines de *marketing*, sino también para nuevas formas de control e incluso de actividades criminales. A través de las aplicaciones que descargamos en los teléfonos inteligentes, las empresas y también el Estado pueden enterarse de una gran cantidad de datos sobre nosotros. A la vez, la llamada "Internet de las cosas" —cámaras, sensores y objetos variados vinculados a las aplicaciones— se ha vuelto un nuevo blanco de ataques de los *hackers*.

Además, en la sociedad se está formando una nueva división entre las empresas que tienen acceso a enormes cantidades de datos y las que no tienen esta posibilidad; y entre quienes tienen dinero para comprar esos datos y quienes no pueden permitírselo. Algunos llaman a los *big data* "el petróleo del siglo XXI", es decir, el nuevo oro. Otros advierten que quienes no tienen acceso a los datos son como un ciego y sordo en medio de una autopista. Ante el gran entusiasmo que reina hoy sobre los datos, no debemos olvidar la advertencia del Premio Nobel Ronald Coase: cuando torturamos a los datos, nos confiesan cualquier cosa.

IRA Y POSVERDAD

En 2016, el diccionario Oxford eligió "posverdad" como la palabra del año. Y eso fue porque dos acontecimientos importantes del año (el referéndum británico sobre su permanencia en la UE y las elecciones presidenciales estadounidenses) demostraron que los hechos objetivos son menos importantes que la influencia en las emociones de los votantes. Claro que habrá que preguntarse si la verdad ha sido importante alguna vez y cuándo es que la política no ganó por la influencia en las emociones de las personas. La negación, cerrar los ojos, ver lo que queremos ver, la ignorancia consciente e inconsciente son estrategias para enfrentarse con la verdad traumática que las personas usan desde siempre. Lo que hoy ha cambiado es la tecnología de esa negación.

Hace algunos años era difícil imaginar que Internet nos iba a reducir el flujo de información y que íbamos a saber cada vez menos sobre lo que ocurre en el mundo. Menos podíamos imaginar que íbamos a saber cada vez menos sobre lo que ocurre en nuestro entorno inmediato. Y ocurrió exactamente eso. Con todas las posibilidades que ofrece Internet, las personas viven cada vez más en sus mundos limitados y su visión del mundo es como mirar a través de un túnel: se ve solo en la dirección en que se mira y están poco expuestas las miradas de los que ven distinto. Muchos británicos y estadounidenses se preguntan hoy cómo es posible que su sociedad se haya dividido tanto por su visión del mundo, y cómo es posible que las líneas políticas enfrentadas sepan cada vez menos lo que piensan los otros.

En tiempos en que muchísima gente recibe las noticias diarias por Internet y Facebook se ha vuelto uno de los más importantes divulgadores de información, la mayoría de la gente sigue a los que piensan igual que ellos. No se trata de que no estén de acuerdo con el punto de vista de sus contrarios; el problema es que muchas veces ni siquiera conocen esos otros puntos de vista.

Ante las elecciones en los Estados Unidos, el diario británico *The Guardian* hizo un experimento: con el permiso de sus lectores, envió durante un mes y medio a las cuentas de Facebook de un grupo de lectores conservadores y a otro de liberales noticias publicadas en medios contrarios a las ideas de cada grupo. Sería algo así como si en Eslovenia los lectores de *Mladina* empezaran a recibir textos que habitualmente leen los lectores de *Reporter* y viceversa. El resultado de ese "lavado" de cerebros fue sorprendente. La mayoría de la gente experimentó una profunda indignación ante las noticias y comentarios que leían sus opositores políticos. Muchos tuvieron la sensación de que no vivían en el mismo país por lo diferentes que eran las miradas sobre los mismos acontecimientos políticos. Por efecto de las nuevas noticias, algunos cambiaron sus convicciones de toda la vida. Leer un pensamiento crítico sobre el candidato que hasta ese momento apoyaban convenció a algunas personas de que era mejor no ir a votar. Muchas personas tuvieron miedo después de este experimento. Eso les ocurrió a los inmigrantes que leían comentarios de un odio desembozado sobre la amenaza de echar a los inmigrantes, construir un muro en la frontera con México y demás. Por ejemplo, uno de los extranjeros que vive en los Estados Unidos desde hace mucho tiempo dijo que no pensaba que sus connacionales lo odiaban tanto.

Wael Ghonim, uno de los padres de la Primavera Árabe, es muy escéptico con respecto a los nuevos medios, porque dice que los mismos medios que son clave para difundir mensajes sobre la necesidad de cambios hoy desempeñan el papel de quien impide esos cambios. Los medios de Internet efectivamente suelen reducir problemas sociales complejos en eslóganes que movilizan a la gente en sus sistemas cerrados de información, donde escuchan solo las opiniones con las que están de acuerdo de antemano. El discurso del odio y la mentira ocupa el mismo lugar en estos medios que las buenas intenciones y las diferentes verdades.

El problema de nuestro tiempo no es solo que cada vez sabemos menos lo que piensa la línea política opuesta, sino también que cada vez nos importan menos los hechos. En la campaña electoral estadounidense, toda una serie de periodistas advertía cada día que las declaraciones de Trump estaban llenas de mentiras. Un periodista del periódico *Toronto Star,* por ejemplo, confrontaba todas las noches con los hechos lo que durante el día había defendido Trump en sus apariciones públicas, generalmente encontraba más de veinte inexactitudes por día, y en total encontró quinientas. Una tropa de periodistas estadounidenses se ocupó también de confrontar sus palabras con los hechos, pero Trump permaneció imperturbable ante esa constatación. Aunque los periodistas le dieran pruebas de que muchas de sus declaraciones no eran verdaderas, las siguió repitiendo en sus apariciones de campaña.

La confrontación con los hechos tampoco hizo mella en los partidarios de Trump. Ellos se ocupaban con pasión del correo electrónico de Hillary Clinton y sus discursos bien pagados para las instituciones financieras de Wall Street, mientras que ni se inmutaban por el hecho de que Trump no pagara casi ningún impuesto desde hacía décadas o porque ante las numerosas demandas judiciales, las corporaciones de Trump fueran famosas por haber borrado masivamente los mensajes de los correos electrónicos de los servidores, o porque una fundación del candidato pareciera haber recibido 150.000 dólares por una videoconferencia con un magnate ucraniano.

Mientras que un gran grupo de periodistas de la prensa escrita intentaba probar a la opinión pública que el candidato presidencial era un mentiroso en serie, los canales de televisión hacían todos los días publicidad gratuita para Trump repitiendo de la mañana a la noche (muchas veces con indignación) el contenido de sus tuits. En efecto, Trump entretenía a sus millones de seguidores tarde por la noche con tuits chocantes, a menudo llenos de odio desembozado. Los canales de televisión estadounidenses empezaban a comentar estos mensajes junto con la información de la mañana. Aunque muchos periodistas intentaban ser críticos con el contenido de los tuits, el efecto de propaganda ya estaba cumplido con el hecho de repetirlos sin cesar por la televisión.

A Trump le fue bien justamente gracias a que era muy directo en sus tuits. Por la noche daba rienda suelta a una andanada de sentimientos, muchas veces muy ofensivos, hacia los inmigrantes, las mujeres y el islam. Y en especial no ocultaba su ira, su autocomplacencia narcisista cada vez que le iba bien y por supuesto su desprecio hacia sus competidores.

Una periodista de la revista *The Atlantic Monthly* describió muy bien el fenómeno Trump: la prensa lo toma literalmente, dijo, pero no lo toma en serio, mientras sus seguidores lo toman en serio, pero no literalmente. Por eso a estos últimos no les resultaba tan importante el contenido de sus discursos, sino cómo se difundían. Más importante aún era el efecto, es decir las emociones que despertaban estos discursos y tuits.

En tiempos en que tenemos cada vez más la impresión de que los algoritmos pueden pronosticar nuestra vida, y en tiempos en que la ideología del consumo nos sigue convenciendo de que el sujeto puede elegir de manera racional, que le interesa maximizar su bien y minimizar su dolor, han salido a la luz las emociones con toda su fuerza. Después de las elecciones, los estadounidenses hablaban de una lluvia de odio, rechazo y angustia. Pero la emoción más presente era la ira.

Los votantes blancos furiosos, sobre todo varones con escasa educación, son quienes con mayor fuerza se identificaron con Trump, y por su insatisfacción por la pérdida de puestos de trabajo y su creciente marginación en la sociedad, lo apoyaron en masa. Después de las elecciones, los votantes que no estaban de acuerdo con Trump estaban completamente furiosos.

Los psicoanalistas subrayan que la ira es una forma particular de represión. Por ejemplo, podemos estar enojados con nuestro jefe aunque de manera inconsciente quizá estamos enojados con nuestros padres. Por eso cuando expresamos el sentimiento de ira, siempre es importante preguntarnos con quién estamos enojados en realidad. Puede que culpemos a los inmigrantes porque ha bajado el estándar de vida o por la pérdida de empleo, pero deberíamos en realidad estar enojados con las corporaciones, que en su afán de obtener cada vez más ganancias trasladan los puestos de trabajo al Tercer Mundo.

Para Sigmund Freud las pasiones son siempre más fuertes que los intereses racionales. Freud dijo alguna vez que la ira lleva al miedo, el miedo al odio, y el odio nos lleva a la oscuridad. Pero también podemos decir que el miedo conduce a la ira y al odio, y que en realidad es el miedo lo que impulsa a las personas a cerrar los ojos o a ver solo lo que quieren ver.

En su libro *States of Denial* [*Estados de negación*], Stanley Cohen cuestiona cómo es posible que nos preguntemos tanto por qué la gente niega los hechos. La negación es algo tan habitual que sería mejor preguntar cómo es posible que la gente esté atenta, cuándo es que percibe algo y cuándo algo la inquieta lo suficiente como para disponerse a la acción, en especial al precio del riesgo personal.

En Europa, por los cambios políticos en los Estados Unidos, el Brexit y el ascenso de la derecha radical en muchos países, los pesimistas temen que la sociedad vaya en dirección al odio y que pueda repetirse algo como el ascenso del fascismo que condujo a la Segunda Guerra Mundial; los optimistas, en cambio, esperan que este giro a la derecha abra la puerta a un nuevo movimiento social progresista. Cuando el cocodrilo le arrancó el brazo derecho al optimista, este dijo que la situación no era tan mala como parecía. Por fin ya nadie iba a preguntarle si era zurdo o diestro.

Índice

Queremos hacer libros
cada vez mejores, para eso
necesitamos saber qué pensás.

Envianos un mail y contanos lo
que pensás sobre este libro
info@edicionesgodot.com.ar

O respondé una breve encuesta:
bitly.com/edgodot

Libro compuesto
en tipografía Stempel
Garamond 11/14 creada por
Claude Garamond en el siglo
XVI en Francia, versión de la fun-
dición Stempel en 1924. Notas
al pie compuestas en 10pt y
títulos en Helvetica Neue
en 22pt.

www.edicionesgodot.com.ar
info@edicionesgodot.com.ar
Facebook.com/EdicionesGodot
Twitter.com/EdicionesGodot
Instagram.com/EdicionesGodot
YouTube/EdicionesGodot